中公新書 2757

関口正司著

J・S・ミル

自由を探究した思想家

中央公論新社刊

はじめに

ジョン・スチュアート・ミル（一八〇六－一八七三）は、非常に多様なテーマに関心を寄せた思想家だった。著作の範囲は、政治や行政や法律から、経済や社会、歴史や文学、道徳（倫理）や哲学などにまでおよんでいる。本書で取り上げるのは、これらのテーマにかんするミルの探究において中軸となっていたもの、つまり、道徳と政治をめぐるミルの思想である。

本書は評伝という形式をとる。これは、ミルの思想を見ていくのにふさわしい形式と言えるだろう。なぜなら、ミルの思想は、さまざまな自問や試行錯誤を重ねた成長の過程に注目することで、よく理解できるようになるからである。

ミルの代表的著作である『自由論』を例にとって説明してみよう。『自由論』が今なお広く読まれている背景には、明らかに、現代社会の画一化傾向や同調圧力という問題がある。『自由論』は、憂慮すべきこの深刻な問題に立ち向かおうとするとき、非常に重要な手がかりになる。

とはいえ、よく知られている『自由論』であればこそ、気がかりなところもある。自由を熱心に擁護したという事実から、即座に自由主義（リベラリズム）というレッテルをミルに貼りつけ、それでわかった気になってしまうのではないか、という懸念である。これでは、ミルの思想にかんして、理解不足や誤解が生じることになる。

自由主義というレッテルは、たしかに政治的な意味で、便利な役割を果たすときもある。自由を重視する人々のあいだで、自由の持つ意味や価値について多少の意見の相違があったとしても、そうした人々を実際の政治の場で一つにまとめるときの旗印になるかもしれない。また、近年では、軽蔑や嫌悪の含みを持たせて「リベラル」と呼ぶ場合もあるようだが、権力に警戒心や反感を持つ人々を十把《じっぱ》一絡《ひとから》げにして片付けてしまいたいときにも使い勝手のよいレッテルかもしれない。

しかし、いずれにしても、レッテルを貼るだけではミルの実際の思想を理解したことにはならない。本当の意味で有益な教訓も引き出せないだろう。必要なのは、理解するための問いかけである。なぜミルは、自由を擁護しようとしたのか。どんな時代状況の中で、どんな脅威から自由を守ろうとしたのか。ミルにとって自由とはどんな意味を持ち、どんな人間的価値を持つものだったのか。自由と政治や権威・権力との関係を、ミルはどう考えていたのか。正義や友愛（連帯感）といった重要な道徳的価値との関係はどうなっていたのか。一人ひとりの人間に固有な好みや理想と公共的な価値との関係は、どう捉えられていたのか。さらに、これらの問題に対するミルの答えの背後には、ミル自身のどのような経験や想《おも》いがあったのか。高い解像度で『自由論』を理解するためには、こういった問いを一つひとつ、ミル本人の思想形成過程の中に投げ入れてみることが欠かせない。

レッテル貼りという極端な例を示したが、同じ問題は、専門家によるミル研究の歴史の中にも見られた。典型的な例は、何らかの思想や歴史観（資本主義から社会主義への進展、近代国家の形成といった大きな物語）を前提に、ミルを「歴史的に位置づけて」評価するアプローチである。これによって、ミルは「過渡期の思想家」と特徴づけられ、さらに、折衷的な思想家、中途半端な思想家とみなされることにもなった。また、筆者がミル研究を始めた頃は、ロールズやノージックなどの道徳哲学が隆盛をきわめていて、そうした現代道徳哲学の観点からミルを解釈するアプローチが流行していた。現代的関心から、ミルはたんなる材料として切り刻まれてしまっている、と

ジョン・スチュアート・ミル

いう印象を筆者は持ったものだった。ただし、公平のために言い足すと、道徳哲学的関心からの研究の中にも、切り込みが鋭く、ミルの思想の理解にとって有益なものもあった。たとえば、ミルの実践的理論（アート・オブ・ライフ）へのアラン・ライアンの注目がそうだった。とはいえ、一般的に言えば、流行した解釈スタイルは三〇年もするとセピア色の記憶に変わり、古典的著作だけが力強く生き延びている、というのが筆者の実感である。

もちろん、筆者にも、現代の状況や課題を念頭に置いた政治哲学への関心はある。しかし、古典は、そうした関心そのものを反省し相対化する哲学的なツールともなる。そういう使い方のためにも、古典に向き合うときには、その著者自身の関心に即して理解に努める必要がある、と筆者は考えている。

というわけで、本書の特色は、ミルを理解するためにたくさんの問いを発しているところにあると思う。問いに対して筆者が引き出している答えの妥当性や価値については、読者に判断を委ねたい。

本書では、前半の三つの章で、ミルの思想形成過程をたどる。伝記的事実は、ミル本人の『自伝』を中心に、思想内容に密接にかかわるものに絞り込んでいる。ただし、『自伝』の記述だけではこちらからの問いに対する答えを得るのがむずかしいため、ミルが直接語っていないところにまで入り込んでいる場合もある。

その後の三つの章では、『自由論』、『代議制統治論』、『功利主義』という成熟期のミルの代表的な三つの著作を、書かれた順に取り上げている。これらの章では、それぞれの内容を紹介しながら、三つの著作の関連にも目配りする読解を心がけた。最終章では、晩年のミルの生活と仕事の様子を素描している。

全体を通じて、「なぜ?」「なに?」「どんな?」が頻繁にくり返されているため、起伏の多い書きぶりになっている。そのせいで読みにくくなっていないことを願うばかりである。いずれにしても、本書をきっかけにして、読者がそれぞれ古典に対する自分に合った問いかけの仕方を探っていただければ、筆者としてはこの上なくうれしいことである。アクティブ・リーディングとでも言うべきものは、そこから始まると思うからである。

目次

第四章　『自由論』……135

第六章　『功利主義』

凡例

一、ミルの著作やそれ以外の他の文献で本文に言及されているものは、巻末に参考文献として示した（ミルの著作は年代順、ミルの書簡や一部の著書およびミル以外の著者の文献は章ごとに列挙）。邦訳のあるものは、邦訳にかんする書誌情報を示すにとどめ、原著にかんする情報は割愛した。

二、本文で直接に引用した文章は、邦訳がある場合には、引用の末尾に（x頁）と表記した。ただし、訳文は、本書内での訳語の統一などの理由により、すべて筆者が訳出したものである。

三、翻訳のない文章を引用した場合には、原著の書誌情報を巻末の参考文献リストに示した。該当するページは、引用の末尾に（p.x）と表記した。

四、引用に際して必要と考えられる場合は、補足を〔　〕の中に加えた。

第一章
ミルの生誕から少年時代

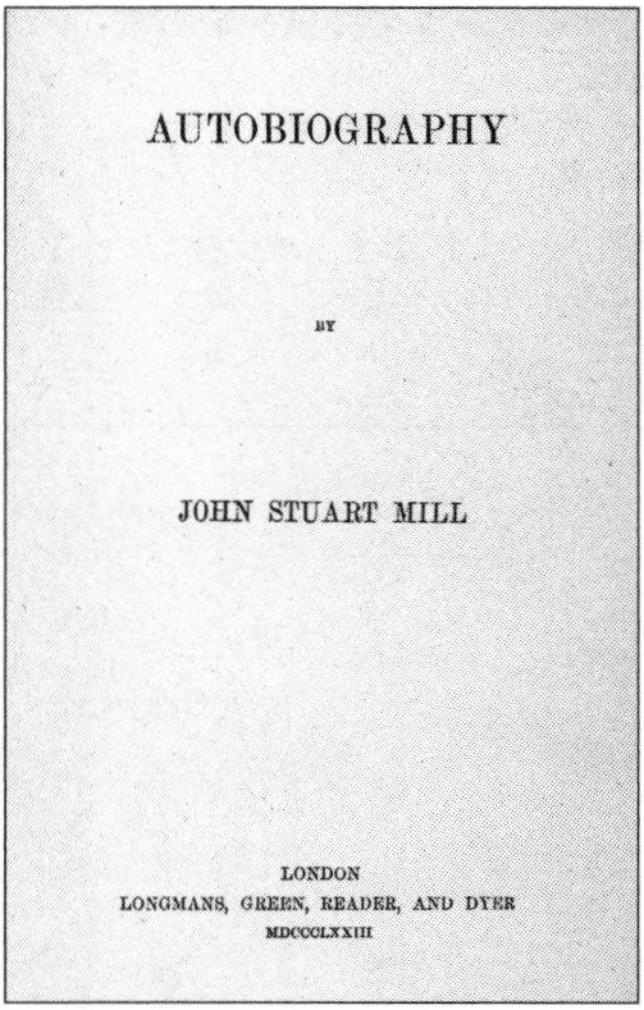
AUTOBIOGRAPHY

BY

JOHN STUART MILL

LONDON
LONGMANS, GREEN, READER, AND DYER
MDCCCLXXIII

『自伝』初版の扉

1806　5月20日　イギリスのロンドンで誕生。
1809　早期教育が始まる。最初はギリシャ語の単語学習から。
1814　ロンドン中心部のウエストミンスター地区に転居。
1818　論理学や経済学の勉強を始める。
父ジェイムズの『英領インド史』の校正を手伝う。
1819　経済学の勉強を始める。
父ジェイムズ、東インド会社に入社。
1820　約1年間のフランス滞在が始まる。フランス語を習得。
南仏モンペリエの山岳風景に感動する。
1821　イギリスに帰国後、法律の勉強を始める。ベンサム『立法論』に感銘を受け、改革者になることを心に決める。
1823　東インド会社に就職し、父の下で働く。
新聞や雑誌に、改革関連のテーマで投稿を始める。
公的な場での演説を始める。
同世代の若者たちと「功利主義者協会」を結成し（1826年解散）、指導的役割を果たす。
1825　ロンドン討論協会で演説。これがきっかけになって、コールリッジ心酔者のスターリングなど、ベンサム主義に批判的な若者たちと出会い交流するようになる。

I　幼少期のミル

第一章　ミルの生誕から少年時代

ミルの誕生

イギリスの首都ロンドンの主要な鉄道ターミナルの一つに、キングスクロス駅がある。市内の北部に位置し、近いところではケンブリッジなどイースト・アングリア各地、遠くはエディンバラをはじめスコットランドの諸都市に向かう列車の始発駅である。「ハリー・ポッター」シリーズのファンにとっては、ホグワーツ魔法魔術学校行きの列車が（架空の9¾番線から）出発する駅でもある。近辺には、大英図書館、大英博物館、ロンドン大学がある。隣接するセント・パンクラス駅からは、高速鉄道のユーロスターで、パリ、ブリュッセル、それにディズニーランド・リゾート・パリなどに行ける。

キングスクロス駅の南側に大通りがあり、この大通りを東方向に六〇〇メートルほど進むと、左手にロドニー・ストリートという通りが見えてくる。本書の主人公であるジョン・スチュアート・ミルの生家はここにあった。この家はすでに取り壊され、壁面に取りつけられ

ロドニー・ストリート

ミルの生家

た円形のプラーク（記念の銘板）もなくなっている。今では、木々の生い茂った公園に変わっていて、通りの斜め向かい側にはアンナ・フロイト・センターという子ども向けの精神療養施設が建っている。

ミルはこの場所で、一八〇六年五月二〇日に生まれた。キングスクロス駅開設（一八五二年）のはるか以前のことである。父ジェイムズ・ミル（一七七三―一八三六）は、母ハリエット・バロウ（一七八二―一八五四）と前年の一八〇五年に結婚していた。夫妻のあいだには、長男のジョンに続いて、男の子三人、女の子五人が生まれた。マルサスの人口論に賛同する立場から産児制限を唱えたジェイムズだったが、本人は計九人の子持ちだった。

ミル『自伝』の特異性

これから、ミルの思想の形成過程を見ていくのだが、その際の主要な資料となるミルの『自伝』について、あらかじめ指摘しておきたい点がある。思想家の自伝に限ったことではなく、どんな書物にも言えることだが、読む側は、書き手の意図をしっかり念頭に置き、安易に読み流さないように注意しておく必要がある。そうすれば、思想家の自伝的記述は、その思想を理解する大きな助けとなるだろう。ミルの『自伝』の場合でも、執筆の意図に配慮せずに読み進んでいくと、大きな誤解に巻き込まれる可能性がある。

注意が必要なところは、『自伝』の最初の部分にいきなり現れてくる。そこでは、「私は一八〇六年五月二〇日、ロンドンで生まれた。『英領インド史』の著者ジェイムズ・ミルの長男だった」（一二頁）という書き出しに続けて、父ジェイムズの生い立ちや受けた教育、故郷のスコットランドを離れてロンドンに移って以後の経歴や暮らしぶりなどが紹介されている。ところが、母親については何も書かれていない。まるで父親一人から生まれたかのような書きぶりである。

ジェイムズ・ミル

そうなったのは、ミルの主要な意図が、自分の思想形成過程において重要な役割を果したと自身が思う人物や書物、出来事だけに絞った自伝を書く、ということにあったからである。こういう書きぶりをつまらなく感じる読者もいるだろうが、それは仕方のないことだと、ミルは冒頭ではっきり言っている。この方針は、特に人生の前半についての記述で徹底している。そこが、ミルの『自伝』の特異性である。父親とは異なり、母親は自分の思想形成には関係がない、という扱いになっているわけである。豊かな感受性の育成（感情の陶冶《とうや》）や女性の尊重を力説したミルであるのに、はたしてそれでよかったのかという疑問も湧いてくるが、善し悪《よあ》しはともかく、伝記的資料としての『自伝』には、書き手本人によるこのような意識的な限定が加わっている。そこに十分注意しながら、ミルの思想形成の過程を見ていくことにしよう。

幼少期の教育

『自伝』は、子ども時代に受けた教育の詳細を伝えている。それによれば、ミルは学校教育を受けていない。教師はもっぱら父親だった。父の受けた教育や経歴が『自伝』の導入部で述べられていたのは、そのことの伏線として読めるだろう。幼少期の自分に与えられた教育の意義や効果を示すことは、『自伝』を書き残す理由の一つでもあった。

ミルの教育は三歳のころに始まった。自分がおぼろげながら思い出せるのは、ギリシャ語の単語とその意味を英語で書いたカードを暗記することだった、とミルは記している。語彙がある程度広がったところで、訳読が始まった。『イソップ寓話《ぐうわ》集』の他、クセノポン、ルキアノス、イソクラテス、ヘロドトス、さらにプラトンまで読まされた。歴史書はお気に入りで自分から進んで読んだ。これに並行して算術の勉強。八歳からは、ラテン語の学習と訳読、それに妹や弟に勉強を教える役割も加わった。詩作や作文の訓練も行われた。ミルが大いに気に入っていたのは科学の実験だった。ただし、実際に実験をするのではなく、実験を紹介している本を読んで楽しむ、ということだった。

大方の読者は、学校に行かずに書物中心の教育を親から受けるというミルの経験を、自分はせずに済んだことにほっとするだろう。少なくとも、筆者自身はそうである。図画工作の授業も体育や音楽の授業もなく、同年代の子どもたちと遊んだり、野原や町をほっつき歩いたりすることもない少年時代というのは、率直に言ってかなり辛いものではないだろうか。とはいえ、『自伝』に記されている教育課程や知的雰囲気がミルの知性の基礎を作ったことは、事実として受け止めておく必要がある。

少年時代の教育

ミル一家は、ロドニー・ストリートから、さらに北のニューウィントン・グリーンに転居し、その後、一八一四年からはロンドン中心部のウエストミンスターで暮らし始めた。ここには、一八三一年に同じロンドン市内のケンジントンに引っ越すまでのあいだ住み続けた。近くにはバッキンガム宮殿、セント・ジェームズ公園、議事堂などがある。

ウエストミンスターの
居宅とプラーク

ミルの少年時代の教育はここで続けられた。そこでの教育は相変わらず、年齢不相応と言えるほど要求度の高いものだった。しかし、たんなる丸暗記の強制や知識の詰め込みはなかった、とミルは強調している。暗記や詰め込みだけだったら、ミルの早熟な知的能力であれば簡単にこなせただろう。父親が教えたのは、非常に抽象度の高い一般的な知識であり、さらに、それを応用して自分自身で考えるための基本的な技量や態度だった。一二歳になると、ミルは論理学の勉強を始めた。アリストテレスの『命題論』など、古典を素材とした父親とのやりとりを通じて、正確な定義や推論の方法をたたき込まれ、それらの重要性を思い知らされたのである。

論理学の勉強に続けて、ミルにとって重要な教育課程となったのは、父ジェイムズの大著『英領インド史』(一八一八年刊)の校正作業を手伝うことだった。ミルが原稿を読み、それを聞いてジェイムズは校正を進めた。この書物には、ジェイムズの急進的民主主義の考えが、

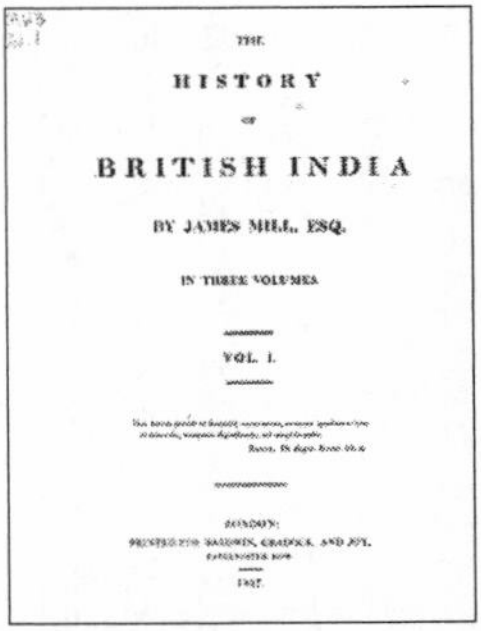
THE
HISTORY
OF
BRITISH INDIA
BY JAMES MILL, ESQ.
IN THREE VOLUMES
VOL. I.
LONDON:
PRINTED FOR BALDWIN, CRADOCK, AND JOY,
PATERNOSTER ROW.
1817.

『英領インド史』初版の扉

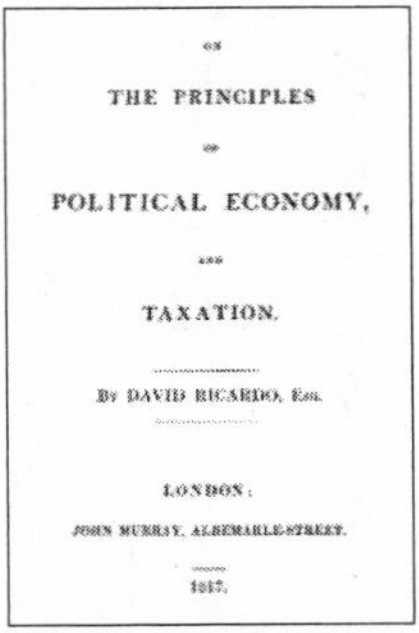
ON
THE PRINCIPLES
OF
POLITICAL ECONOMY,
AND
TAXATION.
BY DAVID RICARDO, Esq.
LONDON:
JOHN MURRAY, ALBEMARLE-STREET.
1817.

『経済学と租税の原理』初版の扉

当時のイギリスの政治体制やインド統治への批判とともに盛り込まれていた。ミルは、この見習い修業とでも言える課業を通じて、父ジェイムズの政治思想を熟知することになった。

これに並行して、ミルは経済学の勉強も始めた。父親との毎朝の散歩のときに、リカード『経済学と租税の原理』（一八一七年刊）の内容を口頭で講義してもらい、帰宅後に自分で内容を整理して書きためていくという学習方法だった。大人にとってもやさしくはないこの古典派経済学を教材にした課業では、子どもには酷な難題にまで答えるように強いられることもあった。それでもやはり、「考える人間を生み出すのにはふさわしい」教え方だったと、ミルは『自伝』で回想している（三四頁）。

積極的な行動力の弱さ？

ミルが受けた教育は、ミルの非凡な能力にとってすら要求度の高いものだったが、それは知性面に偏っていて、「行う訓練よりも知る訓練を与えるのにはるかに適していた」（四一頁、傍点原著）。精力的で行動的な父親の子どもであれば、放っておいても同じようになると父ジェイムズは考えていたようだが、それは、原因を与えずに結果を期待することに他ならなかった、とミルは振り返っている。後のミルの精力的な活動を考えると、果たしてこの見方が正しかったのかどうか疑問に思えるところもあるが、活動的な生活を楽しいと感じるよりも、むしろ重荷に感じる傾向が幼少期からあったのかもしれない。この傾向は、環境や教育の影響によるばかりではなく、ミルの生来の気質に起因していたようにも思える。

少年期に受けた道徳的影響

ミルは、人間の能力を、知性・行動・道徳の三分野に分けて取り上げることが多い。『代議制統治論』における政治制度の教育効果をめぐる議論がその一例である。『自伝』の少年時代の記述も、この区分に沿って行われている。知性面と行動面についての説明はすでに見たとおりだが、道徳面での影響は、さらに別の一章が割り当てられている。

そうした影響として『自伝』で述べられているのは、ほぼすべて、父ジェイムズからの影響である。その中で最初に詳しく取り上げられているのは、宗教に対する態度である。ミルは、「一般に受け容《い》れられている意味での宗教的信仰」なしで育てられた（四二頁）。当時、宗教の影響力は徐々に弱まりつつあった。とはいえ、ミルが父親から受け継いだ非キリスト教の立場は、世俗化（脱宗教化）が進み始めていた当時でも、かなり異例のものだった。自分から進んで非キリスト教徒だと公言することは、世間では依然として白眼視されていた。実際、ミルの没後に刊行された『自伝』での宗教にかんする叙述は、ミル自身が生前に予想していたように、一部から強い非難を浴びることになった。

父ジェイムズは、スコットランドで長老派（プロテスタントのカルヴァン主義系列）の信条を教えられ、将来は長老派の聖職者になることが期待されていたが、やがて、不可知論の立場に行き着いた。不可知論とは、神が存在しないと断定する無神論とは異なり、神が存在するか存在しないかは、人間の理性では知りえないとする立場である。その一方で、父ジェイムズは、万物が単一の神によって創造されたという見方は、道徳的には大きな問題があると考えていた。単一の神が全能であるとすると、「世界の中にある悲惨や邪悪も神の創造だ」ということになるが、それは「善なる神」という見方と両立しない、という考え方である。これは、旧約聖書のヨブ記で神が善人のヨブに過酷な仕打ちをしたことに典型的に示されている問題、つまり、「全能なる神は絶対的に善良で正しいと本当に言えるのか」という問題（神義論と呼ばれる問題）として、古くから繰り返し問われてきた難問である。父ジェイムズは、既存のキリスト教はこの難問を解決していないという点で、知的誤謬《ごびゅう》であるばかりでなく、それ以上に道徳的に有害だと考えた。このような見解が息子に引き継がれたことは、ミルが晩年に執筆し、死後に公刊された『宗教三論』(一八七四年刊)の中の「自然論」に示されている。第七章でふたたび取り上げるように、ミルはこの論文で、残酷な出来事や悲惨さに満ちている自然界を善良な神の創造物とみなすことはおよそ不可能だと強調したのだった。

ジェイムズが息子に教え説いた道徳は、古代ギリシャのソクラテス学派の道徳だった。それは『自伝』によると、具体的には「正義、節制(これを父は非常に広い範囲に応用した)、真実、忍耐、苦痛、特に労働に平然と向かい合う気構え、公共善への配慮、人は真価で評価し、物はその中にある有用性で評価すること、自分勝手な怠惰にふける生活とは反対の意味での努力の生活」だった(四九頁)。

言葉で伝わった影響の他に、態度や人柄を通じての影響もあった。父ジェイムズは、快楽を公共道徳の規準としながらも、自分の生き方としては、快楽追求に溺れない節制を重視する生き方を貫いた。また、公私いずれの判断においても、感情に左右されることを嫌った。こうした態度にはストア派に通じる面があった。ただし、父ジェイムズは知的な誤謬に対しては激しい義憤の感情を示したと、ミルは付け加えている。

父親の道徳的な影響について述べた部分を締めくくるところには、批判的な記述もみられる。ミルはその箇所で、自分に対する父親の厳格な態度には「やさしさという要素」が欠けていたと述べている（五三頁）。これは、青年期のミルを苦しめることになる「精神の危機」の背景にかかわる記述なので、この経験を取り上げる本書第二章であらためて立ち戻ることにしよう。

フランス滞在

この時期の重要なエピソードとしてミルが最後に取り上げているのは、一四歳のころ（一八二〇年）から、約一年にわたってフランスに滞在した経験である。このエピソードは、書物や人物の精神的影響というよりもむしろ地理的環境が与えた精神的影響について述べられているという点で、『自伝』の中では例外的なものである。

ミルのフランス滞在は、ベンサムとの縁によるものだった。父ジェイムズは一八一二年に、「最大多数の最大幸福」の提唱者で知られるジェレミー・ベンサム（一七四八－一八三二）に出会った。ベンサムはジェイムズより二五歳ほど年長だったが、政治や社会の徹底した改革という点で意気投合し、両人を中心に「哲学的急進派」と呼ばれるグループが形成された。息子のジョンは、父とベンサムを継ぐ哲学的急進派のホープと期待され、ベンサム本人とも親しく交流するようになっていた。ジョンはまた、ベンサムの弟の機械技術者サミュエル・

ジェレミー・ベンサム

ベンサム（一七五七－一八三二）に可愛《かわい》がられ、サミュエルの一家が暮らす南フランスに招かれた。こうしてミルは、一四歳から一五歳にかけて、一年あまりをフランスで過ごすことになった。

一七世紀から一九世紀の初めにかけてのイギリスには、貴族の子弟が教育の仕上げにヨーロッパ各地を長期にわたって旅行し見聞を広める、という慣行があった。「グランドツアー」と呼ばれたこの慣行は、多額の費用を要するもので、ミルのような中流階級の子弟にまではおよばないのがふつうだった。しかし、ミルはサミュエル・ベンサムのおかげで、この慣行に準じる外国滞在を経験できたのである。

ミルは滞在中、几《き》帳面《ちょうめん》に日記をつけた。そこには、日々の勉学の記録とともに、ロンドンでは経験することのなかったさまざまな人々との交流の経験についても記されている。ミルは滞在中にフランス語を習得するとともに、イギリスの外から自国や世界を見るという重要な知的視点も獲得した。「おかげで私は、イギリスではいつの時代にもごくありふれていた誤り、つまり、世界的な問題をたんにイギリスだけの尺度ではかるという誤りに陥らずに

モンペリエの山岳風景

すんだ」とミルは『自伝』に書いている（六一頁）。実際、その後のミルは、晩年に至るまで、フランスをはじめとする大陸諸国の自由主義の動向に関心を寄せ続けるとともに、つねに他国との比較の視点を保持しながら政治や社会を考察していくことになる。

フランス滞在にかんしては、最後にもう一つの重要な影響にも触れておく必要がある。それは、ミルに自然の風景への愛好を目覚めさせたことである。サミュエル・ベンサムの一家が暮らしていたモンペリエ近辺の山の景色に感動した経験は、少年ミルの心に深く刻み込まれた。こうした感動の経験は、やがて、ワーズワースの詩との出会いの中で、「感情の陶冶」の重要性という思想的な意味が与えられることになるだろう。

II　若きベンサム主義者ミル

ベンサム『立法論』

ミルは、フランスからの帰国後、一八二一年から二二年にかけての冬に、法律の勉強を始めた。そのとき教材として父ジェイムズから手渡されたのは、フランス語版のベンサム『立法論』（デュモン編、一八〇二年刊）だった。法律にかんするベンサムの論究を整然とコンパクトに編集した書物である。ミルは『自伝』で、この本を読んだ経験を、「私の精神史上の転回点の一つ」だったと述べている（六三頁）。それほどまでの衝撃を受けた理由をミルは三つ挙げている。

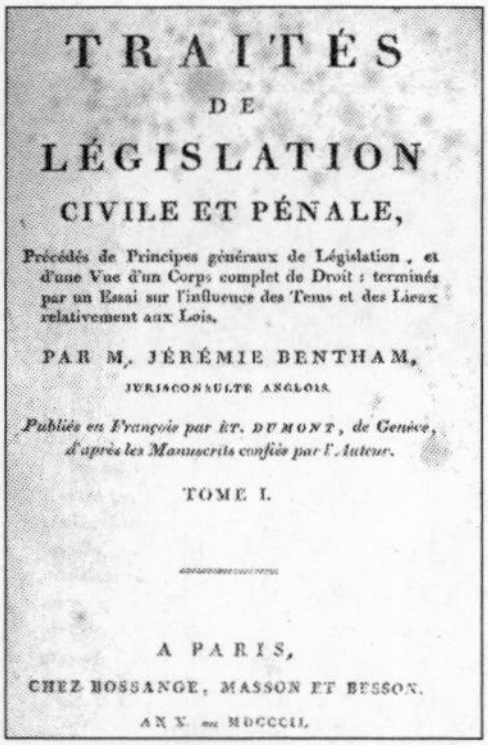
TRAITÉS
DE
LÉGISLATION
CIVILE ET PÉNALE,
Précédés de Principes généraux de Législation, et d'une Vue d'un Corps complet de Droit : terminés par un Essai sur l'influence des Tems et des Lieux relativement aux Lois,
PAR M. JÉRÉMIE BENTHAM,
JURISCONSULTE ANGLOIS.
Publiés en François par ET. DUMONT, de Genève, d'après les Manuscrits confiés par l'Auteur.
TOME I.
A PARIS,
CHEZ BOSSANGE, MASSON ET BESSON.
AN X. — MDCCCII.

『立法論』初版の扉

第一に、『立法論』が、道徳や立法にかんする既存の考え方を恣意的で独断的なものとして徹底して批判し、最大幸福原理という客観性のある道徳原理をはっきりと対置していたという点である。第二に、犯罪の分類に示されているベンサムの見事な手際が、プラトンの論理学と弁証法、さらにフランス滞在時の植物学の勉強によって培われていた正確な分類への自分の好みに応えている点だった。第三に、現実の社会改革について幅広く明晰《めいせき》な展望を示していた点である。

『立法論』を読み終えたときの感動を、ミルは『自伝』の中で次のように伝えている。

デュモンの「立法論」の最後の巻を読み終えたとき、私は別の人間になってしまっていた。「効用の原理」をベンサムが理解したように理解し、この三巻を通じてベンサムがそれを応用していたように応用すれば、私の断片的な知識や信念のいろいろな部分をつなぎ合わせる要石《かなめいし》の位置に正確に収まってくれたのである。効用の原理は物事にかんする私の考え方に統一性を与えてくれた。今や私は意見を持つようになった。信条、学説、哲学を持つようになった。一つの（最善の）意味での宗教を持ったのである。これを人々に教え説き世の中に広めることは、人生における目に見える形での目的になりえた。それとともに、この学説によって人間全般の状態にもたらされる変革の壮大な構想が、私の前に示されたのである。

（六五－六六頁）

こうして、一五歳の少年ミルは、自覚的なベンサム主義者として社会や政治の改革にかかわっていくことになった。ただし、このコミットメントの宣言にも、いくつか注意を要する点が見受けられる。

少年ミルの使命感

人生のごく早い段階で政治や社会の改革にかかわっていき、それを人生の目的として、以後揺らぐことなく追求していく、という例はもちろんある。しかし他方で、そのような志を守り切れなかった例もたくさんある。ミルの場合はどうだろう。見きわめるのはむずかしく、単純な答えは出せない。ミルが一五歳のときに得た人生の目的は、後に述べるように、二〇歳に経験した「精神の危機」によって大きく揺らいだ。しかしその後、ミルは動揺から立ち直り、あらためて政治や社会の改革にかかわっていった。このような曲折を念頭に置いて、ミルがベンサムの『立法論』を読んで「別の人間になってしまった」と述べていることの意味を考えてみよう。

際立っているのは、少年ミルの心境の変化のきっかけが非常に主知的（感情や意志よりも知性・理性を重視する傾向）かつ抽象的なことである。ミルは、『立法論』の中に、明確な基準にもとづいた精緻な分類や、それまでの部分的知識に統一を与える体系性を見出《みいだ》し、そのことに強い感銘を受けた。精緻な分類や秩序立った統一性といった知的特質へのミルの愛着は、後の思想的変化にもかかわらず、変わることなく持続していくことになる。

もう一つ注目されるのは、このような知的な感銘が、実践的で道徳的な意味のある行動への関与へとつながっていった点である。ミルは、『立法論』を読み終えたとき、世の中を改革する人間になろうと決意し、一つの信条、哲学、そして「一つの（最善の）意味での宗教」を持ったと回想している。一貫性や体系性をそなえた理論が、行動を促す宗教のようなものになった、というのである。

知的認識と行動との関係は、実のところ、哲学上の非常に重要かつ困難な問題である。ここではこの問題に深入りできないが、ほとんどの哲学的立場では、両者を別次元で捉え、知ることがただちに行為の動機となる、といった見方には否定的である。ミルも、少なくとも理論上は、そうした立場だった。他方で、少数派の特異な見方ではあるが、「知る」という言葉を行為の動機の獲得まで含めた意味で捉える見方もある。それは、ミルが有徳な人間の手本とみなしていたソクラテスの立場だった。また、イギリスのピューリタンたちは、神の天啓を受けた特権的少数者（聖徒）には特別な道徳的義務があると考えていた。ミルの場合にも、そうした発想を受け継いでいるところがあって、より多くを知るという特権にあずかる者はより多くの義務を負うという、ある種の貴族主義・エリート主義的な姿勢があったように思われる。

しかし、そうは言っても、抽象的な理論を受け入れるだけで実践的行動に向かうというミルの説明には、やはり無理を感じる。道徳や政治の分野での行動は、何らかの具体的経験を前提にしているのがふつうである。抽象的な信条や理論は、自分や他人の非常に切実な経験を普遍性のある公共的な問題として捉え直すときに、本領を発揮するものだろう。ところが、不思議なことに、『自伝』のこの部分では、そうした具体的経験とのつながりはまったく示されていない。

もちろん、だからといって、ミルが、抽象的な情報が入力されると自動的に行動が生じる機械のような人間だったとは考えられない。『自伝』には、少年時代に歴史書の中の革命的事件に胸をおどらせたり、南フランスの山岳風景に深く感動したりするなど、敏感で豊かな感受性をうかがわせる記述がある。また、『立法論』の読書経験の記述からは、使命感を持つことへの情熱と言えるような強い傾向が感じられる。少年のころからこのような側面を持っていたミルは、やがて「精神の危機」とその後の模索の中で、知的認識と使命感との結びつきについて、深く考えることになる。

改革者としての活動

ミル自身の精神的発展という見地から書物や人物を取り上げた記述は、『自伝』の中でさらに続いていくが、それとともに一五歳以後の記述には、改革者としてのさまざまな活動というテーマが加わってくる。

その一つは、一八二三年にミルが中心になって、「功利主義者協会」という小さな勉強会のようなサークルを組織したことである。メンバーは同年代の若者で、その中でミルは、ベンサムや父ジェイムズの理論に精通していたので、おのずから仲間たちの精神的発展を牽引《けんいん》するリーダーの役割を果たした。ちなみに、『自伝』の中でミルは、この協会の名称に「功利主義」という言葉を使ったことが、その後、この言葉が世の中で広く使われるようになる最初のきっかけになったと付言している。

このサークルは、三年余り続いたが、一八二六年（ミルが「精神の危機」に陥った年）に解散した。ミルは解散の理由として、旗印への子供じみた愛好がグループの党派的性格につながっていったことや、外部からも党派的なグループだと見られていることに自分も仲間たちも嫌気がさしたことなどを挙げている。もっとも、ミルにかんして言えば、その嫌気は、「精神の危機」によって生じることになるベンサム主義の狭さへの反発につながるものだったことにも留意しておく必要がある。

もう一つ、重要な点は、功利主義者協会におけるミルのリーダー的な立場である。ミルの知的・理論的な優位性は、対等なメンバーのあいだでの意見交換という機会をミルに与えなかったように見える。ミルは自分の弟や妹に対して教師的な態度（それは父ジェイムズの態度でもあった）で接していたようだが、それと変わらなかったようである。

その他の活動としては、ロンドン討論協会での演説や論文投稿という、公式の場での言論活動もあった。『自伝』の第四章のタイトル「若き日の伝道（プロパガンディズム）」は、この言論活動のことを指している。ミルが演説や論説のテーマとして取り上げていたのは、信教や言論の自由、議会改革、法制改革、穀物法、狩猟法、アイルランド問題、人口問題、歴史叙述のあり方など、多岐にわたっていたが、その大半は、当時の政治、社会、経済などの具体的な問題にかかわるものだった。ミルは、新聞の『モーニング・クロニクル』や評論誌『ウエストミンスター・レヴュー』でこれらの問題を議論することによって、哲学的急進派の見解を広めることに精力的に取り組んだのだった。

ミルの言論活動の内容

ミルによるこうした言論活動の内容面での特徴は、「イギリス国制」と題された演説原稿をはじめとする一連の演説原稿によく示されている。

これらの演説原稿に共通する第一の特徴は、「最大多数の最大幸福」の原理（効用の原理）

を評価の前提とした現状批判である。一八二六年五月に行われた演説の原稿「イギリス国制」が、典型的な一例だった。この中でミルは、国制とはよい統治を目的とした制度のことであり、現行のイギリス国制の善し悪しを判断するには、現実に悪弊が存在しているかどうか、悪弊が存在するとすればその原因は今のイギリス国制なのかどうかを見きわめなければならないと論じている。保守的な現状肯定論者は、今の国制はイギリスの繁栄や威信をもたらしていると主張する。しかし、ミルによれば、実際に恩恵を受けているのは、国民全般ではなく、支配階級の貴族だけである。

第二の特徴は、悪弊の原因と、さらにそれを棚上げにしている現状肯定論のイデオロギー的な性格の原因を、「自己利益の優先」という人間本性の原理から説明している点である。国民全般の利益を犠牲にして得られる特定の個人や階級の利益を、ベンサムは、「邪悪な利益（シニスター・インタレスト）」と呼んでいた。現行の国制が悪弊をもたらしているのは、この国制によって支配者である貴族階級がそうした「邪悪な利益」を追求しているからに他ならない。また、そのような国制を美化し擁護する言説も、「邪悪な利益」にもとづいている。

ミルがこれらの議論を通じて訴えているのは、最大多数の最大幸福にもとづいた政治、経済、社会におけるさまざまな改革である。とりわけ、ミルを一員とする哲学的急進派が他の改革にもつながる重要なものとして追求したのは、議会改革だった。つまり、有力者の思い通りにできる選挙区を廃止するとともに、国民全般、さしあたりは中流階級《ミドルクラス》（のちの男性）にまで選挙資格を拡大する改革だった。この選挙制度改革は、この演説原稿が書かれてからしばらく後の一八三二年に実現することになる。

「最大幸福の原理」と「自己利益の優先」という人間本性の原理にもとづいた当時のミルの議論は、かなりシンプルでわかりやすい。どんな政治的主張にしても、多数の人々の支持を得るためには単純明快にする必要がある。その反面、単純明快な主義主張は、一面的で教条的になりがちである。その主義主張を支えている暗黙の前提が見落とされてしまう危険が生じてくる。ミルのように理論志向が強い知性ならば、単純明快な説明や主張の背後に、説明されていない多くの事柄が残されていると感じたとしても不思議ではない。

たとえば、「最大多数の最大幸福」が主張される際の「最大多数」とは何を意味するのか、という問題がある。さしあたり、その最大多数を経済的にも社会的にも力をつけ始めている中流階級と同一視するにしても、あるいは、圧倒的多数の労働者階級まで含めるにしても、こうした人々の利益を、公共的決定の正当な根拠としての公的利益と同一視できるのだろうか。女性に選挙権を与えるという考えも示されていない。実際にはさまざまな除外のある集団が、シニスター・インタレストを持たないと言い切れるだろうか。

もう一つの大きな問題は、人々の行為、とりわけ社会的行為の動機を、「自己利益の優先」という人間本性の原理で理解し説明することにともなう問題である。自分は私利私欲ではなく、世界の改革者という使命感から公共の利益のために活動しているとミルは確信している。しかし、そうした無私の動機は、自己利益優先という普遍的な原理とどのような関係にあるのだろうか。若きベンサム主義者ミルは、まだ、政治や道徳の理論におけるこうした問題に直面していなかった。しかし、次章で述べるように、やがてそれらに直面するときがやってくる。

公的な場でのミルの言論活動については、もう一つ付け加えておきたい。当時の評論誌は、ミルの論文の投稿先だった『ウエストミンスター・レヴュー』に限らず、それぞれが自分たちの党派的立場を鮮明にしていた。そのため、他の評論誌との激しい論争も数多くあった。しかし、こうした対立は対面ではなく、誌面上のことだった。これとは対照的に、ミルが参加していたロンドン討論協会の場合、対立は、たがいに向かい合う弁士たちのあいだでの直接的なものだった。さらに、この討論会には、ミルと同年代の若者たちも参加していたが、彼らはたとえミルの知性に一目置いていた場合でも、ミルを教師とみなすことはなく、討論会の対等なメンバーとして遠慮なくミルの見解に批判の矛先を向けてきた。後に『自由論』で討論の重要性を説いたミルではあったが、それを実際に初めて経験したときは、かなりの

ロンドンのリーデンホール・ストリートにあった東インド会社の建物（18世紀の絵）

衝撃だったと推測される。

東インド会社への就職

これまで一〇代後半のミルを取り上げてきたが、その締めくくりとして、一八五〇年代まで続くミルの職業経歴の始まりについて触れておこう。一八一八年に『英領インド史』を公刊したミルの父ジェイムズは、東インド会社の理事会から力量を評価されて、一八一九年にこの会社の社員に採用された。一八二三年には、息子のミルも東インド会社に就職し、昇進の道を歩んでいた父ジェイムズの部下として、文書の起草などの業務にあたることになった。

思想家たちにとって、大学教員というキャリアパスは、当時のイギリスではまだ十分に成立していなかった。それが整ってくるのは一九世紀後半である。当時の思想家たちは、貴族階級に属している場合は別として、多くは、東インド会社に就職する前の父ジェイムズと同様に、ジャーナリストなどの仕事による不安定な収入で生計をたてていた。しかし、ミルの場合は、東インド会社の社員として安定した収入が早くから確保できたおかげで、編集者や読者に迎合することなく著作を進められる環境が確保された。また、東インド会社での仕事はそれなりに多忙ではあったものの、合間に研究の時間を確保することが可能だった。さらに、この会社は、たんなる貿易通商の会社ではなく、イギリスの植民地であるインドを間接統治する行政機関でもあったから、行政の実情や課題を現場で経験しながら学ぶ機会をミルに与えた。こうした経験から得られた知見は、後年の『代議制統治論』（一八六一年刊）などの著作で大いに活《い》かされることになる。

第二章
「精神の危機」とその後の模索

湖水地方・ウィンダミア湖周辺の景観
近くにワーズワースの旧居がある

1826　秋に「精神の危機」に陥る。

1827　「精神の危機」から脱却。
演説原稿「歴史の効用」で非利己的動機の意義を強調。

1828　演説原稿「完成可能性」。

1829　演説原稿「ワーズワースとバイロン」。
ジェイムズ・ミル『政府論』に対するマコーリーの批判。
演説原稿「スターリングへの反論」で、ベンサム主義的政治論の修正の必要性に言及。

1830　ハリエット・テイラーに出逢う。
フランス七月革命。

1831　湖水地方に旅行し、ワーズワースに会う。

1832　第一次選挙法改正。

1833　宿命論の克服に成功。それを前提に、論考「ベンサムの哲学」でベンサム批判を展開。以後、新しい急進主義の立場からの投稿が行われるようになる。
「経済学の定義と方法」の原稿を執筆。

第二章　「精神の危機」とその後の模索

I　「精神の危機」

「精神の危機」の発端

ミルの『自伝』は、自分自身の思想形成とのかかわりという観点から人物や書物を中心に書かれていて、劇的な出来事はほとんど出てこない。フランスの七月革命（一八三〇年）や二月革命（一八四八年）のような大事件の回想では、熱気を帯びた記述になることがあるものの、大半は淡々とした書きぶりになっている。唯一の例外と言えるのは、ミルが二〇歳のときに経験した「精神の危機」をめぐる記述である。この「危機」の発端は、次のように描かれている。

それは一八二六年の秋だった。私は神経の鈍麻した状態にあった。誰もがときどきは陥ることがあるような状態である。楽しさも快い興奮も感じなかった。他のときだったら楽しいことが、つまらなくてどうでもよくなった。メソディズムに改宗した人は〔改宗に先立って」最初に「罪の自覚」を感じて打ちのめされたようになるが、そのときにふつう感じるのがこの心境だと思う。こういう精神状態のときに、私は一つの問いを自分に対して直接向けてみようという気になった。次のような問いである。「仮に自分の人生の目的がすべて実現されたと考えてみよ。自分の待望する制度や思想の変革がすべて、今この瞬間に完全に達成できたと考えてみよ。これは自分にとって果たして大きな喜びであり幸福なのだろうか？」そのとき、抵抗しようのない自意識がはっきりと答えた。「否！」と。これを聞いて私の心はがっくりと落ち込み、私の人生を支えていた基盤全体が崩れ落ちた。私の幸福のすべては、この目標を絶えず追求し続けることにあるはずだった。その目標が魅力を失ってしまった。だとすれば、そこへの到達手段に、どうしてふたたび興味を感じることができるだろうか。私の生きる目的は、もう何も残されていないように思えた。（一二〇頁）

この描写には、いくつかの重要な点が凝縮されて詰め込まれている。それらを把握することは、「危機」そのものの理解にとってばかりでなく、「危機」以後のミルが発展させていった思想を理解する上でも、どうしても欠かせない作業である。これから、その作業に取りかかることにしよう。

「罪の自覚」とは何か

まず、「罪の自覚」という、かなり重苦しい表現が用いられているセンテンスに注目する必要がある。

ここで言及されているメソディズムとは、一八世紀のイギリスでジョン・ウェスレー（一七〇三－一七九一）という人物によって始められたキリスト教の一教派である。日常生活を几帳面に規律することを重視する教えだったために、その教えに従った信者たちは、「メソディスト」――堅苦しい形式主義者という揶揄《やゆ》の含みがある名称――と呼ばれるようになった。人々がメソディズムへと改宗した経緯について、ウェスレーが記録しているところによると、彼らはメソディズムに改宗する前に、まずウェスレーの説教を聞いて、自分の力では救いようのない自分の罪深さを痛感し無力感に打ちひしがれる状態に陥る。そうした状態の中で彼らは、神の救いを求めながら自分の生活を律するように説くウェスレーの教えに従うようになる。そのような自己規律と引き換えに

ジョン・ウェスレー

神が自分を救ってくれるというのではなく、自分を規律する気持ちへと導くところに神の恩恵が働いている、という考え方のようである。

ミルは自分が直面している無力感を、このような劇的な宗教体験になぞらえて伝えようとしている。とはいえ、気になるのは、無力感を痛感させる「罪の自覚」が、ミルの場合には何を指していたかである。

無力感に悩まされ意気消沈してしまったミルの精神状態には、それに先行する潜伏期間があったように思われる。ちょうど、地下の断層に少しずつ蓄積された歪《ひず》みが一定の限度に達してから、激しい地震が起きるようなものである。ミルの場合は、何らかの強い後ろめたさの感情が、そうした歪みだったと考えられる。

ミルの自己分析

強い後ろめたさの感情を生じさせた主要な要因は、「危機」のさなかにミル本人が行っていた自己分析に読み取ることができる。ただし、ミルの陥っていた状態をよく理解するためには、ミルが述べていることを鵜《う》呑《の》みにせずに吟味する必要がある。この姿勢を保ちながら、本章冒頭に引用した文章の後半部分に目を移すことにしよう。

ミルは意気消沈状態の中で、世の中の改善に献身するという、『立法論』を読んで自分が自覚的に選択した人生の目的について、それがすべて達成されたら自分は幸福を感じられるのかと自問した。ミルによれば、それに対する自分の答が「否！」だったために、心が大きく落ち込み、「精神の危機」が本格的に始まったのだという。

改革や革命の理想に燃えて運動にかかわってきた若者が、失望して運動から離れるという例はけっして珍しくない。しかし、失望のきっかけとなるのは、たいてい、本来の目的を忘れた運動の自己目的化とか運動組織内部の対立とか権力闘争、無関係な人々を巻き添えにして傷つける（コラテラル・ダメージ）といった具体的な出来事である。ところが、ミルの場合は非常に主知的で観念的な説明に聞こえる。厳しい言い方をすれば、自己中心的ですらあるようにも思える。改革がすべて達成されても、自分は幸福を感じられない。目的に魅力を感じられなくなったので、目的達成の手段としての活動に対する意欲も失われてしまった、というのである。

ミルが陥っていた無感動の状態は、典型的な鬱状態だったように思える。ミルの知人だった心理学者アレクサンダー・ベイン（一八一一－一八七七）は、ミルの評伝の中で、こういう鬱状態の原因は当時のミルが心身ともに極度に疲労していたことにあったとしている。実際、当時のミルは、改革のための言論活動や東インド会社での業務といったルーティンに加えて、ベンサムの『法定証拠の理論』の編集という、神経をすり減らす仕事にも携わっていた。たしかに、極度の疲労は鬱状態をもたらす引き金だっただろう。大きな要因だったと言ってもよい。しかし、その背景として、自分の携わっている仕事に嫌気がさしていたことも考えられる。好きな仕事なら、限度はあるにせよ、かなりのところまで頑張れるものだろう。いずれにしても、疲労という診断を下すだけでは、ミルが具体的に感じていたことや考えていたことはわからない。それらは、やはりミル自身の言葉の中から探り出していくしかない。

『自伝』によれば、「危機」当時のミルは、次のような自己分析を行っていた。その方法は、複雑な観念と単純な快楽や苦痛との結びつきに注目する連想心理学（観念連合論）の理論に沿った分析である。

こうなってから以前をふりかえってみると、私を教育した人たちは、有益な種類の観念連合を形成したり維持したりする手段に表面的にしか配慮していないように思えた。昔からよく知られている方法、つまり、ほめたり叱ったりとか、賞罰とかに全面的に頼っていたように思えた。こういう手段でも、幼年期から始めて絶えず使っていけば、快楽や苦痛との強力な連想、とりわけ、苦痛との強力な連想は作り出されるだろうし、終生弱まることなく存続していくような欲求とか嫌悪を生じさせることになるだろう。そのことは、こうなってからでも、私は疑わなかった。しかし、このようにして作り出された連想には、つねに、表面的で軽々しいところがあるにちがいない。このように物事との連想をむりやり作っても、自然な結びつきにはならない。（一二三頁）

少年時代のミルが世界の改革者になろうという人生の目的を立てる以前には、父ジェイムズによる幼年期からの長年にわたる下地作りの段階があった。厳格で強い叱責をともなう教育である。その結果、複雑な観念や感情を単純な快苦へと還元する「分析の習慣」もできた。それは、既存の道徳や社会を批判的に見るために授けられた武器だったのだが、今ではそれが自分自身に向けられ、改革者であろうとする自分自身の意欲やそのことに幸福を感じる感受性を損ねてしまった。自分のこういう性格は、すでに形成済みで取り返しがつかないように思えて、そのことに絶望を感じた、とミルは『自伝』に記している。

自然な結びつきとは？

注目されるのは、「表面的で軽々しい」連想と、「自然な結びつき」になっている連想とが区別されている点である。「自然な結びつき」とは、いったいどういう意味なのか。この部分では、ミルは物理的な因果関係を引き合いに出して結びつきの自然さを説明しているが、生身の人間の場合の自然さとは何なのかはやはりわからない。

しかし、『自伝』の別の箇所では、重要な点にかかわるヒントが二つ示されている。第一のヒントは、自分の少年期におけるベンサム主義へのコミットメントについて率直に述べている次の一節である。

私の考えでは、たんなる推理する機械だという、ベンサム主義者についてあれほど頻繁に言われていることは、そういうレッテルで呼ばれてきた人々の大半にはまったく当てはまらない。ただし、私について言えば、人生のうちの二年か三年のあいだはまったく当てはまらないわけでもない。……私の熱意は、まだ、〔ベンサム主義という〕理論的な見解に対する熱意以外のものではほとんどなかった。本当の慈愛心とか人間全般への共感といった資質は、私の〔理論上の〕倫理基準の中ではしかるべき場所を占めてはいたが、私の熱意はそうしたものに根ざしてはいなかった。さらに、私の熱意は、理想的な高貴さへの高尚な熱意にも結びついていなかった。そういう感情に対して、想像の中では私は非常に敏感だったのだが、しかし、その当時は、そうした感情を自然に育んでくれる詩的陶冶は途切れていた。他方で、たんなる論理や分析といった感情と対立するものの修練はあり余るほどあったのである。（九九－一〇〇頁）

ベンサム主義への自らのコミットメントが主知的であることは、世の中の改革を自分の使命とした一五歳当時は気づいていなかったが、「危機」の経験の中で、ミルはそのことを痛切に感じ始めていた。そして、この記述からは、慈愛心、共感、高貴さへの熱意が改革への使命感にかかわる「自然な結びつき」として考えられていたことがわかる。

しかし、まだわからないことが残っている。当初は抽象理論への主知的なコミットメントだったとしても、後々になって、改革を必要とする具体的な場面を実際に目にすれば、悲惨な状態に置かれている人々への共感が生まれてくることもあるだろう。実際、この当時のミルが書いた論文や演説原稿では、さまざまな政治的・社会的な弊害が取り上げられていた。こういうかかわりの中で、悪弊に苦しんでいる人々への共感が切実なものとしてあらかじめ経験されていたら、改革がすべて達成されれば自分は幸福か、といった自問は出てきようがないはずである。要するに、ミルのコミットメントの主知的な性格は、「危機」の直前まで変わらずに続いていたということになる。それにもかかわらず、いったいなぜ、この期におよんで、あのような自問が生じてきたのだろうか。

そこで、第二のヒントということになる。それが見出されるのは、『自伝』の中で、子どもの教育にかんして、ミルが一般論のような形で自説を述べている次の箇所である。

……教育の要素の一つとして、恐れさせるということなしに済ませることができるとは思わない。しかし、それが主要な要素であってはならないと私は確信している。先々、遠慮なしに信頼を寄せることのできる助言者となる人々に対して、子どもの側が愛情や信頼を持てなくなってしまうほどに、また、おそらくは子どもの生まれながらの性質の中にある率直で自発的に想いを伝えようとする源泉を涸《か》らしてしまうほどに、恐怖が支配的になると、教育の別の部分から得られるかもしれない道徳面や知性面での利益を大きく減殺しかねない害悪になる。（五四－五五頁）

今日でも見られる教育現場のパワハラ問題を思わせる、普遍性のある指摘だ。しかし、それはともかくとして、この記述自体は文脈からして、ミルの父親を念頭に置いたものであることは明らかである。

『自伝』では、ミル本人が父親に対して感じた不満や反発にかんしては、この場合のように、非常に遠回しで抑制的な書き方になっている。しかし、それでも、父親の教育が非常に厳格だったことは十分に読み取れる。また、四〇歳代後半に書かれていた『自伝初期草稿』には、刊本よりもはるかに率直な記述もある。たとえば、「私が受けた教育は、愛のこもった教育ではなく恐怖による教育だった。これは、私の少年時代に作用していたいろいろな道徳的な力の中で最も好ましくないものの一つだった」（一〇一頁）という具合である。また、破棄された部分には、「こうして私は、愛のない恐怖の状態の中で育ったのであり、このように育てられたことで私の道徳的成長は多くの払拭できない結果をもたらした」（一〇二頁）という記述も見られる。この一文は、おそらく、さすがに極端に書きすぎたという判断から破棄されたのだろう。

父の教育によって身につけていた分析の習慣は、本来は政治や社会の現状を批判するためのものだった。それは、現状肯定論のイデオロギー性を上流階級の自己利益優先という観点から暴露するためのツールだった。ところが、今では、この武器がアレルギー反応のように自分自身に向かってしまい、改革者になろうという自分の大望も、所詮は「とりわけ、苦痛との強力な連想」、つまり、父親の非難や叱責をおそれてその意向に従っただけのことであるように思えてきたのである。ミルは何よりもそのことに嫌気がさしていた。しかし、以前はそうではなかったはずである。なぜこの特定の時点で、嫌気がさしてきたのか。

自己分析の背後にあったもの

その要因としては外的なものと、より本質的な要因としての内的なものが考えられる。

外的要因としては、ロンドン討論協会で同世代の若者たちと接触した経験があげられる。

同世代の少年たちと交流する機会の乏しかったミルは、すでに述べたように、しばらく前に「功利主義者協会」を立ち上げ、それが同世代の仲間との交流の場になっていた。そこでのミルは、他の誰よりもベンサム理論に通じていたために、おのずとミルがリーダー的な役割を果たすようになっていた。仲間たちから批判される経験はなかっただろう。ところが、ロンドン討論協会の場合は、さまざまな意見の人々が集まっていて、ミルは教師的な存在ではなかった。意見が違えば、対等な立場から、しかも目の前で遠慮なく批判してくるという経験は、ミルにとっては初めての衝撃的な経験だったのである。そういう場面で、ミルはベンサムや父ジェイムズの議論をただドグマティックにくり返すのではなく、自分なりの返答を即座に工夫することが迫られた。この経験は、ベンサム主義の弱点や不十分なところを自分なりに検討する必要性を、ミルに感じさせるきっかけにもなったことだろう。

さらに、この経験と同時並行的に、また、おそらくはこの経験自体も刺激となって、ミルには若者らしい自立願望が生じつつあった。この願望こそが、決定的に重要な内的要因である。

先に見たように、ミルは『自伝』の中で、ベンサム主義に対する自分のコミットメントのあり方を回想して、ベンサム主義者は「推理する機械」だとする批判は一般論としては妥当でないが、この時期の自分には当てはまることを認めていた。おそらくミルは、このような批判を雑誌の評論で目にするばかりでなく、ロンドン討論協会で同世代の青年たちから自分に直接向けられるのを経験していたかもしれない。自分は「推理する機械」ではない、そうありたくはないという想いが強まっていたことだろう。その一方で、自分は感情のない機械のような人間に育てられてきたのではないか、という疑念も湧き始めていた。

宿命論の呪縛

意気消沈したミルは、さらに絶望的な想いにまで追い詰められた。ミルを追い詰めたのは、すでに形成されている性格（精神の型）は後になって変えることはできない、という固定観念だった。「危機」当時のミルは、心理現象における因果関係を宿命論的にとらえる見方に呪縛されていた。こうした宿命論が与える苦しみについて、ミルは、しばらく後にふたたび意気消沈したときの手紙で、次のように告げている。

〔他者を愛する能力の狭さや限界は、自分の場合は〕自然に任せるしかないのです。私に処方箋を与えることのできる精神の医者はいません。……私は自分に対して何もできませんし、他の人も私に何もすることはできません。受け入れることのできる忠告とは（なかなか簡単に受け入れることはできませんが）、せいぜいのところ、自分の鉄の檻《おり》をたたくな（not to beat against the bars of my iron cage）ということなのです……
（一八三三年三月九日、カーライル宛ての手紙）

ミルは自分の暗く重苦しい気持ちを伝えるために、「鉄の檻」という言葉を用いている。この言葉は、宗教家のジョン・バニヤン（一六二八－一六八八）が『天路歴程』（第一部、一六七八年刊）という書物の中で使った言葉である。バニヤンはこれを、信仰を失い絶望の中に閉じ込められた状態のたとえとして用いていた（九一頁）。当時のミルが『天路歴程』を読んでいたかどうかは確認できないが、一八三〇年に『エディンバラ・レヴュー』にマコーリーがバニヤン論を投稿しており、その中に the prisoner in the iron cage という表現がある。

ジョン・バニヤン

後に触れることになるが、当時のミルは、『エディンバラ・レヴュー』でマコーリーが行っていたジェイムズ・ミル批判に注目していたから、同誌に掲載されたこの論説にも目を通していた可能性はかなり高い。

いずれにしても、ミルが絶望の中で自分の無力さを痛感していたことは間違いない。その絶望感は、『自伝』執筆当時のミルがメソディストの「罪の自覚」になぞらえたほど深いものだった。

「危機」からの脱却

しかし、願望がないところに絶望はない。当時のミルの自己分析に欠落していたのは、この点である。もう少し正確に言えば、ミルは自分に自立への願望があることに気づいていながら、それに正面から向き合えないでいた。自分を育ててくれた父の失望や怒りを思い浮かべると、自立して父から離れることなど到底できそうにもない。ミルの苦悩は、自分自身の意志で何かを望み行動する可能性への絶望として生じていたのだった。

このような絶望感の根源は、実のところ、理論としての宿命論ではなかった。宿命論的決定論を支持する論者であれば一〇〇パーセント間違いなく絶望に導かれる、ということにはならない。事実、以前のミルは絶望していなかった。今のミルの絶望感の根源は、むしろ、ミルがダブルバインドの状態に陥っていたところにあったと言うべきだろう。

ミルの父ジェイムズは、長老派の聖職者になるという周囲の期待を振り切って、故郷のスコットランドを離れ、ロンドンで人生を切り拓《ひら》いてきた独立独行の人だった。そういう父親が息子のミルを厳しく教育したのは、自分と同じような主体性や批判精神を持たせようという想いからだったにちがいない。しかし、父親に対して恐れと尊敬の両義的感情を持っていたミルにとっては、そのような期待は自主的であれという命令であり、そのため、自立の願望が生じ始めていたミルは、同時に相反する方向に向かうよう拘束されるダブルバインドの状態に陥ったのである。

幸いにも、ミルはやがてこのような状態から脱却する。しかし、そのきっかけは、宿命論の理論的問題点を知的に了解したからではない。話は逆で、絶望から救われる経験があったからこそ、宿命論的決定論の問題点が見えるようになったのである。

こういう状態を抜け出す最初のきっかけは意外なところにあった。それは、『自伝』によると、マルモンテルの『回想録』を読んだ経験だった（一二六－一二七頁）。この本の中には、父親の死で家族が悲嘆に暮れているときに、息子が、これからは自分が父親の代わりをしようと決意する場面が描かれていた。ミルはそれに心を強く動かされたのだった。無感動から抜けられないと悩んでいたのに、このように心が動かされたことに、ミルは救われた想いがしたのである。

ミルは、逆境に置かれながらも家族のために自分の意志で生きていこうとする主人公に共感して深く感動した。この共感を通じて、自分自身の意志で、しかもたんなる自己中心的な動機とは異なる想いから行為したいという願望が自分の中にも実際に存在していること、そこを出発点にすれば直面している苦況も切り抜けられそうなことを、ミルはおぼろげながらもようやく実感できたのである。ミルが願望していた境地をうまく表現しているのは、後に女性が隷属的状態に押し込められている現状に抗議して彼女たちの自由を擁護した書物、『女性の隷属』（一八六九年刊）の中の次の文章である。

男性は誰でも、自分自身が少年時代を脱したとき、愛し愛されてすらいるような年長者の後見と統制を脱して一人前の大人の責任を持つようになったとき、どのように感じたかを思い出してみるとよい。それは重荷をおろしたときの感覚、あるいは、苦痛とまでは行かないとしても障害にはなっていた拘束から解放されたときに身体に感じるような感覚ではなかっただろうか。以前よりもはるかに生き生きとした感じ、はるかに人間らしい感じがしなかっただろうか。それでも男性は、女性にはそうした感情がないと考えるのだろうか。（一八六頁、傍点は引用者による）

人格そのものを破壊しかねないようなダブルバインドの状態を脱出する可能性は、ようやく見えてきた。「鉄の檻」にミルを閉じ込めていたのは、本当は父ではなかった。父に対する自分の見方や姿勢にこだわっていた精神的に未熟なミルが、自分で自分を閉じ込めていたのである。そのことに気づき始めたとき、最初は「否」としか言えなかった「抵抗しがたい自意識」は、自力で前進するための出口を見出したのだった。

II 模索の歩み

「危機」の経験から得たもの

「精神の危機」の後、ミルは、意気消沈状態の再発に時折見舞われながらも、「危機」とそこから脱却した経験の意味を考え始めた。この模索の歩みの特徴は、『自伝』の冒頭で示されている。その部分でミルは、『自伝』を書くことの意義の一つとして次のように書いていた。

いろいろな考え方が移り変わっていく時代の中で、絶えず前進し、自分で考えたことや他の人々の思想から自分の中に取り入れる（learn）ことも、また、それらについて距離を置いて見直す（unlearn）ことも、どちらにも同じように前向きに取り組んだ精神が、どのような段階を次々に進んでいったかを記しておくのは、多少は興味を持ってもらえ

るだろうし有益でもある、と私には思えたのである。（一一頁）

ふつう、un のついた動詞は、unlock（解錠する）という動詞の場合のように、先行する動作 lock（施錠）が行われる前の状態に戻すことを意味する。しかし、ここでのミルの unlearn という言葉は、明らかに、学ぶ前の状態に戻ることを意味していない。何か切実な経験を経ることで、どうしても譲れない感情と知性の混成物とでも言うべきものが生じてくる。ミルが unlearn という言葉に込めていた意味は、そうしたものを基準にして、すでに学び身につけていた物事のうち、ある部分は退けながらも別の部分は新たな位置づけを与えて残すことだった。

距離を置いて見直す企ては、短い時間で手軽に成就できるものではない。手間ひまのかかる試行錯誤の過程である。そうした試行錯誤が、「精神の危機」の脱却後、すぐに始まった。ミルは自分自身の生き方を模索するとともに、「危機」以前に自分が接した思想と、「危機」以後の模索の中で接した思想のいずれについても吟味をくり返し、その結果として、自分自身の思想を展開していく際の視座を確立したのだった。

この模索の歩みは、実際、苦闘の連続だった。安定した視座が確立するまでには、ほぼ六年という歳月が必要だった。この過程を把握しておくことは、ミルの成熟期の代表的著作群を理解する上で欠かせない。苦闘の結果ばかりでなく、苦闘という経験それ自体の持つ意義が成熟期の思想の内容に反映しているから、なおさらのことである。

この時期のミルの思想形成の過程には、さまざまな課題が複雑に絡んでいる。これを整理して跡づけるときに最初の手がかりとなるのは、やはり『自伝』の記述である。それによれば、「精神の危機」の経験は、ミルのいろいろな考え方、さらには自分の性格（感じ方や行動パターン）に顕著な影響をおよぼした。その影響をミルは、二つの点にまとめている。

第一に、「新しい人生理論（a theory of life）を採用するようになったことである」（一二七頁）。「危機」の経験に懲りずに、またしても「理論」なのかという印象を与えかねないが、しかし、それは実際のところは、たんなる理論的知識ではなく、むしろ生き方の基本姿勢と言えるものだった。これがミル自身の実感と切り離せない基本原理として、その後の思想の展開において大きな役割を果たすことになる。

第二の影響としてミルが挙げているのは、「感情の陶冶（the cultivation of the feelings）」を重視するようになったことである。陶冶とは簡潔に言えば、素質や能力を開発することを指す。feelings と複数になっていて、陶冶の対象にはいろいろな感情があるという含みが込められている。後で示すように、それらの中には道徳的な感情も含まれるが、それだけではないところが重要である。

ここからは、これら二つの影響を考察し、その上でさらに、ミルの道徳や政治にかんする思索の深まりを見ていくことにしよう。

新しい人生理論

行為の動機や目的をどう理解するかという問題は、すでに見たように、「危機」のさなかにあったミルにとって非常に切実なものだった。そのため、この点にかんする新たな議論も、「危機」脱却後のかなり早い段階に登場している。「危機」の翌年の一八二七年に、ミルはロンドン討論協会で、「歴史の効用」と題した演説を行ったが、その原稿は、論調の変化が現われている顕著な一例である。

以前のミルは、ベンサム主義の理論に忠実な形で、行為者自身の幸福や利益を最優先する利己的な動機や目的を重視していた。しかし、この演説原稿でミルは、歴史叙述において有徳な人間を取り上げることの効用を指摘した上で、非利己的な行為の重要性を次のように強調している。

〔歴史叙述における有徳な人間への〕好意的評価は、真の道徳家や哲学者だったら軽んじたりしないもの、つまり、徳の誘因であるとともに幸福の源泉でもある。人間がおたがいを好意的に考えないでも幸福でいられることや、利己的でしかない仕事からでも得られる興奮さえあれば他に何もなくても十分に幸福でいられる、といったことをいったい誰が望むだろうか。

世の中に出たばかりの人、世間的な意味で立派になるという見通しにうっとりしている人であれば、そんなものでも幸福にとって十分だと思うかもしれない。しかし、それを手に入れてしまった人、あるいは、手に入れないうちにそれを追求することにうんざりしてしまった人（そういう人は現にいる）は、そんなものはまったくむなしいと感じていて、人間の幸福に必要なのは人間を愛することだから、愛するに値するものとして人間を考えることが必要だと感じている。（p.397）

こうした必要を感じる人（つまりミル自身のような人）にとって、有徳な人間がたとえ歴史の中でごく少数だったとしても、そのような人間たちが実際に存在したという事実は大きな励ましになる、とミルは力説している。

同様の主張がくり返されている当時の演説原稿を、もう一つ示しておこう。それは一八二八年に「完成可能性」と題して行われた演説の原稿である。この原稿のタイトルとなっている完成可能性という言葉は、非利己的な行為の動機を強化することの可能性を意味している。

この可能性は残念ながら、無視されたり否定されたりすることが多い。その理由について、ミルは次のように述べている。

完成可能性などは夢想だと論じている人々の大半は、それが実現されても喜びを与えないと感じているためにそう論じているのだ、と私は考える。……世間知らずの人が人間全般を実際以上に賢明で善良だと考えて誤りに陥ってしまうこともあるだろうが、世間をこの上なくよく知っているかのように装う人は正反対の誤りに陥り、人間全般の中に実際に存在する以上の悪行や愚行が存在すると自信満々に信じ込んでいる。この後者の人々は、自分の誤りを簡単には是正できないという点で、前者の人々とまったく異なっている。なぜなら、後者の人々は、自分たちの誤りの原因、つまり、豊かで幅広い見地がとれないということ自体のために誤りを見出すことができず、自分たちが考慮に入れていない人間本性上のより善良な部分を別種の利己心に帰してしまうからである。

（二四二－二四三頁）

ここでもミルは、人間の行為の動機や目的を利己的なものに限定するのは狭い見方だと指摘し、非利己的な行為の動機や目的を重視する姿勢をはっきりと示している。「危機」の発端のときのように、行為に先立ってその行為が自分に幸福をもたらすのかどうかを考えるのではなく、世の中にとって有益になってほしいとか、愛すべき人々の幸福につながってほしいという想いを動機にして行為することは可能であり、望ましくもある。そういう動機からであっても、行為それ自体から充実感を得ることはできるし、また、最終的に行為が望ましい結果につながってくれれば、そのことにも満足し幸福を感じることができる、という「人生理論」である。

もちろん、この「理論」は、個人の生き方にかんする倫理の基本にはなるものの、そうした個人倫理と、公正や正義といった社会レベルの道徳との関係をどう考えたらよいのかは、まだはっきりしていない。とはいえ、人間の現実における行為の理解と、行為の道徳的意義の把握という表裏一体の問題を探究するときに、「非利己的な動機」に注目する視点が加わったことは、明らかに新しい一歩だった。

感情の陶冶

ミルは、「精神の危機」が自分に与えた影響の一つとして、以上のような「人生理論」をあげた一方で、それとは別立てで、「感情の陶冶」をもう一つの影響として取り上げている。この事実は、ミルの思想を理解する上で非常に重要な意味を持つことになるので、きちんと検討しておく必要がある。すでに見たように、「完成可能性」という演説原稿では、非利己的な行為をもたらす動機としての非利己的な感情は強化可能だと論じられていたから、そうした感情の陶冶を重視するということだけなら、それは第一の「人生理論」の影響の枠内に収まる。正確な分類や論理という点で徹底的に鍛えられていたミルが、同じ事柄について別の項目で重複して取り上げるということは、まずありえないだろう。実際、ミルが「感情の陶冶」と表記するときに「感情」を複数形にして、陶冶の対象となる感情にもいろいろあるという含みを持たせたのは、非利己的な感情の陶冶という枠内に収まらない感情を念頭に置いていたからだと考えられる。

『自伝』の中で、感情の陶冶にふさわしいものとして、イギリス・ロマン派の詩人ワーズワース（一七七〇‐一八五〇）の詩が言及されているのは、このような文脈においてである。ワーズワースの詩にミルが魅力を感じた理由の一つは、それが田園の自然美を愛好する自分に強く訴えるものだったからだった。しかしミルは、それ以上に根本的な理由があるとしている。重要なことが述べられているので、ミル本人の記述を引用しておこう。

ワーズワースの詩が私の精神状態にふさわしい治療薬だったのは、外形的な美しさではなく、美しさに感動しているときの感情や感情に彩られた思想を表現していたからだった。ワーズワースの詩は、私が探し求めていた感情の陶冶そのものだと思えた。内面的な楽しさ、共感や想像がもたらす喜びの源泉で、しかも、誰もが共有でき、闘争とか不完全さとかとは無関係でありながら、人間の物的・社会的な状態におけるあらゆる改善によっていっそう豊かになる源泉、そういう源泉から私は水を汲《く》み上げている気がした。人生につきまとうすべての害悪が取り払われたときに幸福の永続的な源泉となるだろうものを、私はワーズワースの詩から学んだと思った。また、その影響の下に置かれるようになるにつれて、私は自分がいっそう健全になり、同時にまたいっそう幸福になっていくのを感じた。（一三三頁）

ワーズワースは、フランス革命を当初は情熱的に支持しながらも、恐怖政治や独裁という結果に終わったことに失望して保守的な立場に転じていた。急進派のミルとは政治的立場は大きく異なっていたが、ミルは詩人としてのワーズワースに傾倒し、一八三一年の初め頃には、ロンドンで面識を得ていた。同じ年の夏、ミルはワーズワースの住む湖水地方を旅行し、ワーズワースの家（ライダルマウント）を訪問して、数日にわたり散策や会話をともにした。ミルの好む自然美の豊かな景観の中で行われたこの詩人との会話は、非常に印象深いものであったにちがいない。

ワーズワースの旧居

ウィリアム・ワーズワース

しかし、この記述には気になる点がある。ここでミルは、ワーズワースの詩に見出される「幸福の永続的な源泉」は、社会の改善が進めば豊かになるとはいえ、それ自体としては闘争や改善とは無関係だと述べている。だとすれば、ミルが「探し求めていた感情の陶冶」は、闘争や改善に向かう動機の強化にはつながらない、ということになる。

ミルはそのことを当初から理解し公然と認めていた。ミルは、ワーズワースの詩に出会ってまもない一八二九年初頭に、ロンドン討論協会で、「ワーズワースとバイロン」と題した演説を行っていた。その演説原稿でミルは、急進派の仲間であるローバックのワーズワース批判に反対しながらも、ローバックの議論の一部を認めて次のように書いている。

この精神状態〔ワーズワースの詩が描いている感

情の状態）は手本がないから描写は困難だが、人生を絶えざる苦闘と考えるようになって以来の変化した私にとって、非常に大きな重要性を持つようになった。幸福が静止していることと共存でき、動き続けることを必要としないということがわかると、めざすべきことは非常にたくさんある。この感情の状態は一つの目的とされるべきではあるが、社会の現状ではより強い何かが必要とされるのではないかと私は思う。（二六四頁）

「より強い何か」とは、改革をめざす活動に関与していく強い意欲や意志に他ならない。ワーズワースの詩が提供してくれる「感情の陶冶」は、それとは無関係なのである。しかし、「危機」でいったん失われたか、あるいは少なくともかなり衰弱していた「より強い何か」の必要を認めるのであれば、それを取り戻し強化していくために、ワーズワースの詩とは別種の源泉なり陶冶なりが必要だろう。次にその点を見ていくことにしよう。

ハリエット・テイラーと『マンスリー・レポジトリ』

ミルが、自分にとって永遠の女性となるハリエット・テイラー（一八〇七－一八五八）にめぐり逢《あ》ったのは、一八三〇年夏のことだった。ミルをハリエットに紹介したのは、『マンスリー・レポジトリ』という評論誌の主筆だったウィリアム・ジョンソン・フォックス（一七八六―一八六四）である。

ミルよりも一歳年下のハリエットは、当時すでに結婚していて二人の子どもの母親だった（翌年には三人目のヘレンが生まれている）。詩を書くことや急進的思想に関心を寄せていたハリエットは、同じ傾向のユニテリアンたちのサークルに加わり、フォックスと知り合いになっていた。フォックスは哲学的急進派ともつながりがあった。こういう経緯から、フォックスを介してミルとハリエットは言葉を交わすようになり、やがてたがいに恋愛感情を抱くことになったのである。

ハリエット・テイラー

ユニテリアンは、三位一体説を否定しキリストを人間ととらえる教派である。『マンスリー・レポジトリ』は、元々はこの教派の機関誌という性格を持った宗教色の強い月刊誌だったが、フォックスが主筆になって以後は、政治や社会についての急進主義的な評論を多く掲載するようになっていた。ミルは、一八三三年になって、この評論誌への投稿を始めた。

ミルが投稿した論説のうち、「詩とは何か」と「二種類の詩」の二篇は一つにまとめられて、一八六〇年代に刊行されたミルの『論説集』に再録されている（これらの詩論は、熟年のミルにとっても、自分の思想の一側面を示すものとして、あらためて読者に読んでもらいたい作品だったということである）。これらの詩論も含めて、一八三三年に『マンスリー・レポジトリ』や急進派系の新聞『エグザミナー』などに投稿された多くの論説の中には、「危機」後の混迷と模索を経て、ミル独自の思想展開が明確な方向を取り始めたことをはっきりと示すものが含まれていた。

その一つとしてここで注目したいのは『エグザミナー』紙に掲載された短い書評である。書評の対象として取り上げられているのは、「犠牲者」というタイトルの伝記的論説だった。『マンスリー・レポジトリ』の主筆であるフォックス自らが書いて同誌に掲載したものである。この論説の主人公は、詩人のメヒタベル・ウェスレー（一六九七―一七五〇）だった。メソディストの創始者ジョン・ウェスレーの姉である。

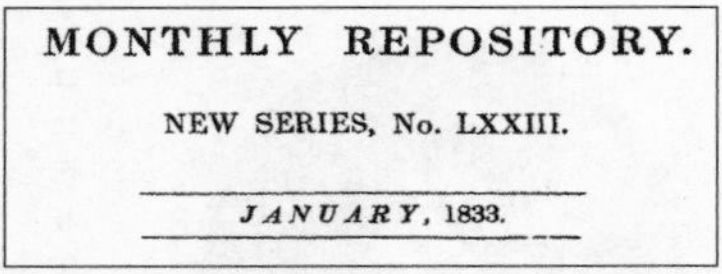
MONTHLY REPOSITORY.

NEW SERIES, No. LXXIII.

JANUARY, 1833.

マンスリー・レポジトリのタイトル部分

ミルのこの書評で際立っているのは、主人公のメヒタベルに対して示されている非常に強い共感である。メヒタベルは、「狭隘《きょうあい》で頑迷で陰鬱な」家庭教育を経験した。彼女を教育した母親は、「優しい愛情とともに意志を形成し導くことが可能だという考えが、少しも頭をよぎったことのない」ような人物だった。この教育は、メヒタベルの感情を打ち砕くことはできなかったし、彼女の知性を殺すこともできなかったものの、「自分自身の意志や自分の幸福の全体を他人の恣意的な命令や有害な迷信のために犠牲にすることは、宗教的な義務だ」と教え込むことには成功した。さらに、父親からは粗野で暴力的な男との結婚も強要された。そういう夫でも離婚は法的に不可能だったから、彼女は終生、悲惨な生活から逃れられなかった。

ミルの共感を強くかき立てているのは、明らかに、自分の受けた過酷な教育への苦い想いと、婚姻関係の束縛を辛《つら》く感じるようになっていたハリエットへの愛情である。自分とハリエットの意志を虐げるものへのミルの激しい反発は、ミルの静穏で知的な精神の奥底でいわばマグマのように熱い塊となっていたことがうかがえる。この熱源は、以後、自由への強い願望の根底に潜んで、終生にわたり存続していくことになる。

静穏な精神と行動意欲との両立

ところで、妻子のあったフォックスは、イライザ・フラワーという若い女性との恋愛関係にあった。このイライザの妹のセアラの結婚相手は、ウィリアム・ブリッジズ・アダムズという人物で、ジュニウス・レディヴィヴス（Junius Redivivus）というペンネームを使って急進主義的な改革を提唱する多くの論説を『マンスリー・レポジトリ』に寄稿していた。アダムズやフォックスは、離婚の自由や女性の地位向上などを訴える男女平等論者であり、その点でミルやハリエットと共通する立場にあった。

ミルは、アダムズの急進主義を取り上げた論説を『マンスリー・レポジトリ』に発表している。注目されるのは、この論説でミルが、次の一節に示されているように、思想と行動の両面でのコミットメントの望ましいあり方と自分が考えるようになったものを、アダムズに投影している点である。

一面的な人々はたいてい、熱心に強く確信しているような態度で自分の偏った見解を強弁する。これは、包容力のある精神をそなえた人には多くの場合、存在していない態度だが、そのためにかえって、こういう人は自分の前にある部分的でしかない真理に魂全体を投入できない。しかし、この〔魂全体を投入するという〕強みを与えているは、他の人だったら偏狭さであるのに対して、ジュニウス・レディヴィヴスの場合は気質の敏感さと熱情である。目の前にある目的が必要としている観念とか感情は、まるで自分の人生の唯一の目的であるかのように、取りついてしまっているように見える。それでも、並存してそれらの観念や感情を限定する必要のある他の観念や感情は、呼びかけられなければ表に現れてこないとしても、実際に存在しているのである。　(p.372)

穏やかな心の状態へと導いてくれる「感情の陶冶」という目的を保持しながら、また、幅広い見地から物事を見る姿勢を保ちながら、他方で、現実の必要に応じて行動を促し支える強い感情（ミルの精神の根底にある熱い塊から生じてくるもの）を持ち続けることは可能だ、ということである。

これが確信としてミルの心の中で定着していったことは、しばらく後に書かれた「アルフレッド・ド・ヴィニーの著作」（一八三八年）の中にはっきり示されている。ミルはこの評論で、次のように述べている。

まったくもって真摯な精神の人が、奮闘の果てに雲と嵐の地帯を通り抜け、悩みなき頂上に達する。そこでは、他のすべての好ましい共感や熱望が、静寂の美を静かに愛し育む営みの中に溶け込んでいる。この頂上から、その人は、人間の幸福に最も冷淡で無関心な人と同じような静かなまなざしで（ただし大いに人助けになる腕もそなえているが）、苦悩している人間本性の悲哀を見おろす。こういうこともありえるだろう。しかし、たとえありえることだとしても、真摯な人々のうちの大多数は、〔雲と嵐に包まれた〕中間地帯にとどまり、多かれ少なかれ、この世界で闘っていると感じるだろう。そして、美的なものとはちがう何か、自分自身の心の静穏さや安らかさとはちがう何かを追求すべきものとして持つだろう。（pp.477-478）

こうしてミルは、自分の精神のバランスの保ち方を会得した。そして、そのおかげで、ミルは急進主義のあり方の再定義へと前進できるようになった。つまり、ベンサム主義の前提にある人間観の限定性を念頭に置きながらも、ベンサム主義が提唱する政治や社会における改革を、ミル自身の考える望ましい政治や社会のあり方にとって、十分ではないが必要不可欠な一部分として位置づけ直す、という再定義である。

ただし、ミルが獲得した精神のバランスについては、もう少しコメントを加えておく必要がある。このバランスは、同じ次元の異なる要素が均衡するという意味ではなかった。改革のための活動的な生活は、現実には苦闘の生活とならざるをえない。これとは別次元の世界に「感情の陶冶」の中心はある。活動的な生活は、感情の平穏を得るための手段でも目的でもない。また反対に、感情の平穏も、活動的な生活の手段でも目的でもない。両者は交換不可能なものとして捉えられている。これは、世界を政治や公共道徳一色で塗りつぶすようなタイプの理論とは、まったく異質な捉え方である。むしろ、政治や道徳とは別の世界を見据えることで、人間の生活を豊かにし、それとともに、政治や道徳に節度や限界を与えて健全化する捉え方だと言えるだろう。

宿命論の克服

ミルが急進主義の再定義へと前進していくためには、実のところ、それに先立って、もう一つのハードルをクリアする必要があった。宿命論というハードルである。「危機」を抜け出た後も、ミルは再発する意気消沈の中で、宿命論の呪縛に悩まされていた。これについてミルは、『自伝』の中で次のように記している。

この問題について、私は苦しみながら熟考したのだが、やがて少しずつ光が見えてきた。原因と結果に関する学説は人間の行為に適用する場合には、誤解を招くような連想をともなっていて、この連想が私の経験した意気阻喪と無力感を招く影響の中で働いてきた力だったのだと、私は気づいた。われわれの性格は環境によって形成されるが、そうした環境の形成に対して、われわれ自身の願望は大きな役割を果たすことができる。自由意志説の中で実際に人を奮い立たせ高貴にさせるのは、われわれには自分自身の性格を形成することに対して本当の力が備わっているという確信である。そういうことがわかってきた。以上のことはすべて、環境説と完全に両立するし、いやむしろ、正しく理解

された環境説そのものなのである。（一五一頁）

先に触れたように、ミルはカーライルに宛てた一八三三年三月の手紙で、無力な自分を閉じ込めている「鉄の檻」に言及し、宿命論に悩まされていることを告白していた。しかし、ミルは翌四月に書き上げた「ベンサムの哲学」という論文で、道徳は「人を奮い立たせ高貴にさせる」ものでなければならないという主張を強く打ち出し、次のように論じるようになっている。

この〔非利己的な〕精神の状態を自分自身の中で実現する力がなければ、人生の喜びは貧弱で不十分なものにならざるをえない。また、人間全般の幸福や道徳的完成に対するわれわれの希望もこの力に依存せざるをえない。そして、この力が全面的によりどころとしているのは、他者の中にそうした想いや願いが実際に存在し、自分自身にとっても可能だという確信である。倫理的な書物を特に必要としているのは、徳にかかわるいろいろな感情が弱い人々であり、倫理的な書物の本来の役割は、それを強化するところにある。（一八三－一八四頁）

ここでミルが示唆しているのは、ベンサムの哲学には、マルモンテルの『回想録』で自分が出会ったもの、つまり、非利己的な感情を喚起するものが欠けているということである。ミルは、宿命論の呪縛から理論レベルでも脱出する出口を通過したことで、このように書けるようになったのだった。

宿命論という誤りに陥らない限り、人間精神における因果関係の探究は、ミルの考えでは、科学的にも政治的にも有意義なことだった。道徳や社会における害悪や問題点をうやむやにする謬説を打破するために、また、実効性のある救済策を探り出すために、因果関係の探究は欠かせない。自由意志説についても、因果関係を全面否定するのであれば端的に誤っている。因果関係を重視するという以前からの基本的な見方は、やはり放棄できない――このような理路で、因果関係の探究を自分を苦しめた宿命論から切り離すことができるという確信を得られたことは、ミルにとって大きな救いだった。実際、ミルは『自伝』の中で、宿命論と因果的決定論との区別にたどりついたことについて、「ある学説を正しいと考え、それに反対する学説を道徳的に有益と考えるという、物事の見方を改革することをめざしている人間にとっての大きな重荷に、私はもはや苦しむことはなくなった」（一五一頁）と記している。この境地に達して以降、ミルは、人間と社会にかんする因果的理解の方法について考察を進めていくと同時に、利己的な感情だけに左右されない人間を前提にした道徳のあり方についても探究を深めていくことになる。

Ⅲ　新たな展開

演繹的推論

ここからは、政治にかんするミルの理論的探究の展開をまとめてみたい。できるだけ読者にわかりやすく示していくために、無味乾燥に感じられるかもしれないが、欠かすことのできないテーマを最初に取り上げておく必要がある。そのテーマとは、ミルが知的判断の大前提として重視していた演繹《えんえき》的推論である。簡易な図式で説明しておこう。

演繹的推論が用いられる典型的な例は、次のような三段論法である。

大前提　すべての三角形の内角の和は二直角である。
小前提　これは三角形である。
結論　ゆえにこの三角形の内角の和は二直角である

「すべての三角形の内角の和は二直角である」という大前提は抽象的な一般命題だが、間違いなく普遍的な真理である。また、「これは三角形である」という小前提は個別具体的な対象にかんするもので、見間違いがない限り確実な言明である。さらに、小前提の三角形は、大前提の「すべての三角形」に含まれているから、「この三角形の内角の和は二直角である」という結論は必然的に真理となる。これが演繹法と呼ばれている推論の仕方である。

演繹法と対照的なのが帰納《きのう》法である。ただし、ここでは煩瑣《はんさ》になるのを避けるため、正しい意味での帰納とミルが考えているものについては、もう少し後で取り上げることにする。現時点で確認しておく必要があるのは、むしろ、次の例に示されるような推論の仕方である。これは、ミルによれば正確には帰納と呼ぶべきではないのだが、しばしば「帰納」と誤解されて世間一般で通用している推論の仕方である。

前提　金髪の人間を何人か観察したところ、几帳面という共通点があった。
結論　だから、一般的に金髪の人間には几帳面な傾向があると言える。

前提は経験的知識である。たしかに事例を多く集めれば結論の説得力は高まるだろうが、すべての事例を網羅することはできない。網羅できたとしても、結論を覆す例が新たに出てくる可能性は否定できない。要するに、絶対的で無条件の真理には到達できない。とはいえ、一定の範囲で実用性のある経験則となる場合もある。しかし、そのために、限度を超えて濫用されがちでもある。

演繹的推論による政治理論

ベンサム主義者（哲学的急進派）は、改革に反対する議論が歴史的経験や先例をよりどころにしていた点を強く批判していた。このような改革反対論は、ベンサム主義者から見れば、支配者の邪悪な利益に影響された恣意的でイデオロギー的な議論だった。対抗するために、ベンサム主義の政治理論は、誰も否定できないはずの普遍的人間本性から演繹的に結論を引き出す、という推論方法を採用した。典型的な例はジェイムズ・ミルの『政府論』に見られる。そこでは次のような議論が展開されていた。

大前提　すべての人間は、他人の利益よりも自分の利益を優先する。
小前提　統治の担当者は人間である。
結論　ゆえに統治の担当者は自己利益を優先する。

ジェイムズ・ミルをはじめベンサム主義者たちは、当時のイギリスの貴族支配がもたらしている弊害は、この図式で十分に説明可能だと主張した。

以上は、社会全般の利益を犠牲にした自己利益追求という、統治担当者の行動にかんする事実認識である。他方、ベンサム主義は、社会全般の利益の実現をめざす規範理論としての功利主義の立場から、改革の必要性を訴えていた。ただし、ベンサム主義が力説したのは、「自己中心的な利益の追求はやめましょう」といった実効性が期待できない道徳的訓戒ではなく、自己利益優先という現実を前提とした実践レベルの解決策である。

その解決策は、社会全般の利益を尊重することが統治を担う政治家の自己利益にとって最適な方針となるような具体的仕組みである。つまり、統治者を選出する選挙人の範囲を拡大して、多くの選挙民たちの利益に反する行動を政治家がすれば、落選という政治家にとっての最悪の結果につながるようにすることである。選挙制度をこうした仕組みへと改革すべきだというのが、ジェイムズ・ミル『政府論』の中心的な主張だった。

それ自体としては、今日でも有効な提言と言えるだろう。それに、非常に単純でわかりやすい。言いかえれば、政治スローガンにしやすく、イデオロギーとしての通用力が高いということにもなる。しかし、理論として厳密に見れば穴だらけである。ミルは、「精神の危機」の後の自己省察や、ベンサム主義以外のさまざまな道徳論や政治論との接触をつうじて、そのことを痛感せざるをえなかった。

何よりもまず、自己利益優先の普遍的傾向という人間本性の見方が問題だった。これを改革者自身のコミットメントに適用すると悲惨な心理状態に追い込まれる可能性があることは、すでに見たように、ミル自身の「危機」という辛い経験で実証されていた。すべての人間とは言えないにしても、少なくとも有徳な人間は、自分の利益を考えずに、愛する他者や社会全般の幸福を願って行動する。ベンサムやジェイムズ・ミルもそういう人間だったはずである。「すべての人間は自己利益を優先する」という、ベンサム主義の大前提にある命題は、例外がある以上、実践的結論の妥当性を完全に保証するものとは言えない。

さらに、その実践的結論にも難点があった。政治家の自己利益追求に対して選挙民が抑制力を行使するといっても、人は誰でも自己利益追求をするという大前提がある。選挙民の場合に限っては、自己利益と社会全般の利益はどんな場合でも一致するという補足が加わらない限り、選挙によって政治家をコントロールするという方策で社会全般の利益が達成可能だとは必ずしも言えなくなる。「最大多数の最大幸福」をめざすという観点から、選挙のときの投票を通じて一人ひとりの個人の都合や利益を多数寄せ集めても、それが必然的に社会全般の利益になるとまでは断言できない。現代の事例を思い浮かべてみればよい。たとえば、使用済み核燃料の処理施設や軍事基地の設置が、国民全般にとって必要で国全体の利益になるという認識がたとえ広く共有されている場合であっても、自分の居住地の近くに立地されるということになれば、それを歓迎する人はほとんどいない。その結果として、不利益なことを多数者が少数者にしわ寄せして押しつける、ということも起きてくる。

さらに、最大多数の最大幸福とか社会全般の利益と言っても、実際には社会成員の判断のうちカウントされず無視される場合もあるし、あるいは技術的にカウントできない場合もある。実際、ジェイムズ・ミルの場合は、改革によってさしあたり選挙民に含める対象として、中流階級の成人男子を想定していた。しかし、この想定は、国民の大きな部分とはいえ、やはり一部分でしかない中流階級の男性が、女性や労働者階級などの利益にも十分配慮する有徳な存在である、という普遍性のないアドホックな（その場限りの）判断を根拠にしていた。

修正の必要性

ミルは、ベンサム主義的な人間本性の見方ばかりでなく、支配者の利益と被支配者の利益との一致を選挙制度などの人為的仕組みで確保するという実践的主張についても、大筋では賛同しつつも距離を置き始めていた。たとえば、一八二九年にロンドン討論協会でミルが行った演説の原稿「スターリングへの反論」では、次のような修正の必要性が示されていた。

人類全体に共通する何らかの傾向があるとすれば、とりわけ、その中でいっそう強い傾向が規制を必要としていて、しかも、規制のために利用しなければならない傾向でもあり、他には人間本性の普遍的傾向がないと仮定した場合、望ましい法やその他の社会制度はどんなものになるのか、これは不合理な探究課題ではない。また、それが何かが確認されたとして、その限りで政治にかんする普遍的科学となるだけのことである。普遍的といっても、それを特定の国民に適用するときは、それに先立って、その国民に特有の傾向も確認しなければならないし、そうした傾向によってもたらされる修正点によって、この科学の抽象的な原理を修正しなければならないのである。

（三〇六頁、傍点原著）

政治学とそこから導かれる実践的方策は、いずれも、不確実で恣意的になりがちな経験的一般化からではなく、普遍性のある人間本性の原理を前提としなければならない。これを認めるという理由から、ミルはベンサム主義の演繹的アプローチを捨て去ることはできなかった。その一方で、ここに示されているように、それぞれの国民の特性に応じた修正が必要なことも、ミルは認めるようになっていた。

これは、「危機」の後もベンサム主義に不満を感じながらもその陣営にとどまっていたミルの暫定的な考え方だった。しかし、ここで述べられているような修正を取り入れる余地がそもそもベンサム主義にあるのかどうかは、この段階ではミルは確信が持てなかった。なぜなら、そうした修正に抵抗する強固なハードルがあったからである。

それは、理論と現実は一致しなければならない、という原則である。『自伝』でも述べられているように、その点をミルは少年時代に父から厳しく指導されていた（三七頁）。正しい理論でも現実の場面に適用するときには修正が必要だというのは俗説にすぎず、理論が不十分であることの言い訳でしかない、という教えである。これを徹底的に教え込まれていたミルとしては、演繹的推論によって得られた普遍的な結論に後から修正を加えるのは、やはり変則的であり、反則技のようにすら思えたのである。

マコーリーによる批判

このハードルを越えるきっかけとなったのは、ジェイムズ・ミルを批判するマコーリーと、それに反論する『ウエストミンスター・レヴュー』（以下、『ウエストミンスター』と略記）の論者のあいだでの論争だった。

やがて一九世紀イギリスの代表的歴史家の地位を築くことになるトマス・バビントン・マ

トマス・バビントン・マコーリー

コーリー（一八〇〇－一八五九）は、一八二九年、『エディンバラ・レヴュー』誌上でジェイムズ・ミル『政府論』（一八二〇年刊）に対する批判を行った。マコーリーは、急進主義者たちの選挙権拡大の主張では労働者階級にまで選挙権を与えることにつながると警告した。そうなれば、イギリス国制は、少数者の財産を危険にさらす危険なデモクラシーに変わってしまう。議会改革は既存の国制を維持しながら、社会の一翼を担う有力な勢力となってきた中流階級を、有権者集団という、いわば会員を限定した特権的なクラブに追加で加入させることにとどめるべきである――マコーリーは、このような典型的ホイッグの考え方から急進主義の問題点を指摘し、ホイッグによる改革の主導権の確保をめざしていた。

マコーリーのこうした批判に対して、ベンサム主義の陣営では、『ウエストミンスター』誌の所有者だったトンプソンという人物が同誌上で反論を行った。数度にわたった両者の議論の応酬の中で、マコーリーは論敵を巧妙に追い詰めていった。

マコーリーの批判は、特に絶対君主制をめぐる事実という点をターゲットにすることで、威力を発揮した。マコーリーによれば、絶対君主の統治にかんしては、二つの対立する事実を見て取ることができる。一方には、悪名高いネロやカリグラの暴虐や、トルコのスルタンによる専制支配がある。しかし、他方、貴族の横暴に苦しめられてきたデンマークの国民は、それを抑え込んでくれた君主を歓迎し、その絶対的権力を容認している。この事実とジェイムズ・ミルの理論とは両立しない。

『ウエストミンスター』は、マコーリーのこの指摘に対して、デンマークの場合は民衆の力が君主権力に対する抑制力として機能している例外的事例であり、例外によって絶対権力の弊害という一般的事実を否定するのは正しくないと応じた。しかし、実のところ、ジェイムズ・ミルの『政府論』では、権力への抑制可能性や、分立する権力と権力とのあいだでの均衡の可能性は、「最高度に有力な証拠にもとづいて存在不可能なものとみなされるべきだ」として、全面的に否定されていた（一四三－一四四頁）。

マコーリーはさらに、民衆の力という外的抑制に加えて、君主には善政という好意的評価を得たいという名誉欲があって、それが横暴な統治に対する内的抑制となる点も指摘した。これに対して

THE

WESTMINSTER REVIEW.

VOLUME XI.

JULY—OCTOBER, 1829.

LONDON:

PRINTED FOR THE PROPRIETORS, AND PUBLISHED BY ROBERT HEWARD, AT THE OFFICE OF THE WESTMINSTER REVIEW, 5, WELLINGTON STREET, STRAND.

1829.

マコーリーへの反論が掲載された号のフロントページ

『ウエストミンスター』は、支配者の名誉欲は、たとえ存在したとしても、長続きしない不確実なものだから抑制力と認めることはできないと反論した。

『ウエストミンスター』側のこのような反論は、マコーリーにとっては思うつぼだった。なぜなら、それは抑制力そのものの存在をきっぱりと否定する立場からの一歩後退、という印象を与えるからである。そこで、マコーリーは、次のような指摘で論敵を突き放した。

『ウエストミンスター』の論者も認めているように、もし、外見上はきわめて恣意的な政治制度の下でも、ときには善政をもたらし、また、ほとんどつねに権力者の貪欲や残忍さの歯止めとなる抑制力が存在するのであれば、そうした抑制力、その性質、その効果などにかんする知見は、間違いなく統治の科学の重要な部分とならなくてはならない。ミル氏は統治の科学のこういう部分について、何か語っているだろうか。一言も語っていないのである。(p.200)

論戦は、ベンサム主義陣営の人々から見ても、明らかに不利な方向に進んでいた。

それにもかかわらず、ジェイムズ本人は、マコーリーの以上のような批判を不合理なものとみなし、まったく取り合わなかった。息子であるミルもこの論争に加わらなかったが、しかし、マコーリーの批判を黙殺する父ジェイムズの姿勢を見て、父の演繹的推論の捉え方に疑問を感じ始めていた。『自伝』の記述によれば、「政治に適用する場合の哲学的方法という点で、私の父の考え方には、それまで考えていた以上に根深い誤りが実際に存在している」ように思えてきたのだった（一四二頁）。ミルはすでに、自己利益優先という人間本性の捉え方が狭い限定的なものだと実感していた。これは演繹的推論の出発点における問題点だったが、マコーリーによる批判をきっかけに、演繹的推論の捉え方そのものについても、再考の必要性を感じ始めたのである。

ミルがこの問題の解決策を見出したのがいつだったのかは、『自伝』の記述でははっきりしないが、一八三三年ごろだったと推測される。なぜなら、『自伝』では、この解決策を見出すことによって「私の旧来の政治的信条に対する私の新しい立場は完全に確定した」（一四四頁）と述べられているが、『マンスリー・レポジトリ』の項ですでに示したように、この新しい立場が確定したのは一八三三年だったからである。一八三三年は、また、自由と必然の問題についてミル自身が満足できる答えを見出した年でもあった。決定論を宿命論から切り離せたことで、ミルは、因果的決定論の前提となっている演繹的推論のあり方についても、安心して考察を進められるようになったのである。

帰納と演繹

ところで、『自伝』に示されている解決策は、大方の読者にとってはわかりにくいように思える。そこで、補足を加えながら、できるだけ単純化した説明を試みてみよう。

ミルの考えでは、推論の方法には、演繹と帰納の二種類がある。ミルが特に注目しているケースは、複数の原因から生じる結果の推論、あるいは逆に、ある結果を生じさせている複数の原因についての推論である。演繹的推論の基本モデルは、先に示したとおりである（六八－六九頁）。

他方、帰納的推論の正しい進め方は、ミルによれば次のようになる。

①複数の判別可能な要素（それぞれ独自の要素として他と区別できる要素）A・B・Cが並存している事例があり、この事例でa・b・cという判別可能な結果が並列して生じているとする。

②複数の判別可能な要素A・D・Eが並存している事例があり、この事例でa・d・eという判別可能な特徴を持った結果が並列して生じているとする。

③以上の二つの観察された事例から、どちらにも共通して見られるAがaの原因だと推測できる。

④もし、それぞれのケースで、人為的な実験、あるいは観察された経験的事実によって、Aを除去したB・CやD・Eではaが生じないことが確認できれば、Aがaの原因だという判断の確実性は決定的なものになる。

このような帰納的推論の方法が適用できるのは、対象事例に含まれる要素が少数で、しかも相互に影響しないこと、かつ、実験あるいは観察が可能な場合に限られる。帰納的推論が適用可能な実際の例として、ミルは、化学や心理学上の基本的な法則の探究を考えている。ところが、社会や政治の現象の場合は、最初から複雑な多くの現象が同時に作用し、しかも相互に影響している可能性もある。さらに、社会や政治の分野では、実験は不可能であり、観察できる事例も偶然に得られた少数のものに限られている。こういう場合の経験的一般化は正しい意味での帰納の要件を満たしていない。ごく少数に限られた事例（歴史的経験）を安易に一般化して、それを結論にしても不確実性が残る。推論をしている人間の都合にあわせた恣意的なものになりかねない。

二種類の演繹法

他方、演繹的推論には、ミルによれば二つの種類がある。

①幾何学的方法（ミルは、抽象的方法とも呼んでいる）
②物理学的方法（ミルは、具体的方法とも呼んでいる）

①の方法は、本節の冒頭に例示した演繹である。この場合には、大前提が三角形のすべてについて真理である全称命題であり、小前提に置かれる特定の三角形についても必然的に当てはまる合理的な推論になる。

父親のジェイムズ・ミルの念頭にはこの演繹方法があったため、理論と実際は一致しなければならないと考え、息子にそう教え込んだのだった。たしかに、実際には内角の和が二直角でない三角形もある、といった修正を加えることは不合理であり、幾何学的方法には、そのような修正の余地はまったくない。

しかし、息子のミルは、マコーリーの批判をきっかけに、こうした幾何学的演繹法の他に、もう一つ、②の物理学的方法があることに気づいた。それは、たとえば、空中に静止している水素入りの風船を考える場合に必要になる方法である。地上に落下しないこの風船にも、落下させようとする重力が働いていることは間違いない。しかし、風船の中の水素は大気より軽いために、風船には上昇させようとする力も加わっている。風船が空中で静止しているとすれば、重力と浮力という二つの逆方法に働く力が均衡しているためである。この場合、普遍妥当性のある重力の法則にも例外があって、修正が加わることもある、といった矛盾した言い方はナンセンスである。例外と見える事例では、別の傾向を持った別の要因が働いている。しかも、その要因はでたらめに作用しているのではなく、それ自体の法則性を持っている。要するに、重力の法則は物体を落下させる傾向をつねに持ち、比重の法則は物体を浮かべたり沈ませたりする傾向をつねに持つ。空中に静止している風船の場合は、両者の傾向が均衡している、と言えば済むことである。

同じように、たとえば、自由貿易は国富を増大させるという主張は、傾向にかんする主張である。自由貿易に変更しても国富が増大しない場合がありうるからである。社会現象は、基本的に、このような力学的合成のモデルに即してアプローチすべきだ、とミルは考えるようになったのである。

経済学と政治学

ミルが力学的合成の方法（物理学的演繹法・具体的演繹法）の適用対象の典型的な例と考えたのは、少年時代から学んでいた経済学だった。ミルは「危機」以後も、経済学の研究と論理学の研究を同時並行的に進め、研究のいわば中間報告のような論考を一八三三年に書き上げていた。これは、一八三六年になって、「経済学の定義と方法」というタイトルで発表されている。そこでは、次のような議論が展開されていた。

経済学の対象となる人間の経済活動は、物質的安楽への欲望という、あらゆる人間に共通する普遍的な人間本性を前提にしている。ただし、この欲望は、さまざまな社会環境において多少の変容を被ることもある。とはいえ、その点をさしあたり棚上げにして、もっぱら物質的安楽への欲望という要因から経済現象の法則性を探究することは、合理的で意味のある企てである。実際の経済現象に影響を与える他の傾向として、ミルは国民の性格(国民性)を念頭に置いているが、そのような傾向が見られる場合には、その傾向の法則性を把握した上で、経済学の純理論的結論が示す傾向と合成して考えればよい。したがって、経済学の定義と方法は、ミルによれば、「富の生産を目的とする人間のいろいろな営為から生じる社会現象の法則を、それらの現象が他の目的追求によって修正されない限りにおいて追求する科学」(三六二頁)と言うことができる。

それでは、政治学の場合はどうなるのだろうか。自己利益を動機や目的とする行為、つまり、権力を追求する政治家の行為や、自分の身柄と所有物の安全を望む一般国民の行為から生じる政治的・社会的な現象を、他の動機や目的によって修正されない限りで探究する科学、というようにならないだろうか。しかし実際には、ミルはそう考えなかった。

「経済学の定義と方法」で、ミルは経済学を取り上げる前に、一般的議論として人間事象にかんする科学を三つの種類に大別していた。第一に、個人の知性や欲求などと、その個人の快楽や苦痛との結びつきを探究する心理学(観念連合論あるいは連想心理学と呼ばれているもの)である。第二に、愛情や道徳感情など、他者の存在を前提としたいろいろな感情を対象とする心理学的探究である。そして、第三の種類とされているのが、人間の社会的行為を扱う科学である。

人間の社会的行為は、究極的に言えば第一の科学と第二の科学で得られる人間本性上のもろもろの法則の結果ではあるものの、それ自体として、一つの普遍的な結果を生じさせる法則性を持っている。経済学はその典型であり、一定の対象(経済的行為)に限定することで法則を取り出す(取り出せる)社会科学である。しかし、ミルによれば、同じ社会科学と言っても、政治学は経済学とは異なり、政治や社会の現象について考察の対象を限定せず全般的に探究せざるをえない社会科学である。

ミルはなぜ、そう考えたのだろうか。その理由は、この時期にミルが自覚的に重視するようになった前提と密接に関連していた。科学的探究と実践的思考との関係にかかわる前提である。まず、この前提を確認した上で、政治の科学的探究方法の問題に戻ることにしよう。

科学とアート

ミルは「経済学の定義と方法」の中で、実践的規則の体系をアート（art）と呼び、これと科学（science）について、両者は「密接に関連しているとはいえ、本質的に異なる」ものだとして、次のように説明している。

これら二つの観念は、知性が意志と異なるように、あるいは文法上の直説法が命令法と異なるように、異なっている。一方は事実を扱い、他方は準則を扱う。科学は真理の集合体であり、アートは行為にかんする規則や指示の集合体である。科学では、これが存在する・存在しない、これが生じる・生じない、という言い方をする。アートでは、これをせよ・あれを回避せよ、という言い方をする。科学は現象を認識し、さらにその現象の法則を発見しようと努める。アートは目的を提示し、それを実現する手段を提示する。

（三四三頁、傍点原著）

アートは目的を指示し、科学は事実認識にもとづいて目的を実現可能とする手段を提示する。この提示を受けてアートは、行為のあり方や規則を指示する。科学とアートにはこのような違いがある。とはいえ、特に人間や社会にかんする科学では、多くの場合、規範的な目的を意識しながら探究が進められる。

たとえば、経済学はミルにとって、また、ミルと同時代の経済学者たちにとっても、たんなる知的ゲームではなかったし、個人の金儲《かねもう》けのための道具でもなかった。経済学は公共的な科学であり、国全般の経済的繁栄を目的とする経済政策の策定に欠かせない探究だった。もちろん、政治学も公共的な科学であり、政治が目的とすべきものを促進するのに必要な知見を提供すべきものである。

しかし、そうだとしても、先に示したようにミルは、政治学には経済学とは異なる方法論が必要だと考えた。その決定的な理由は、経済のアートの目的が経済的繁栄という単一のものであるのとは異なり、政治のアートの目的は単一の目的に尽きるものではないというところにあった。

政治における複数目的の追求

すでに見たように、ミルは一八二〇年代から三〇年代の初頭にかけて、ベンサム主義の政治理論に不満を感じるようになっていた。ミルにとって、この政治理論の問題点は、自己利益優先という人間本性の原理だけを前提にしていることばかりでなく、政治の目的が実質的に個人的利益の確保に限定されているところにもあった。同じ見方から、ミルは、ベンサム主義的改革の主な受益者である中流階級の物質主義的な精神傾向にも批判的になっていた。改革自体には賛同しながらも、この時期のミルが特に重視し強調していたのは、国民全般の知的道徳的改善と、それを導くエリートの役割だった。

しかし、一八三三年以降になると論調が変わってくる。そのことは、この時期、ミルがあらためてめざすようになった急進主義的改革の議論に示されている。先に取り上げたジュニウス・レディヴィヴスにかんする論考で、ミルは、自分の立場を次のように説明している。

著者〔レディヴィヴス〕が急進主義者であるのは、原理と歴史から、つまり、人間一般にかんする経験と諸国民の歴史という経験のいずれからしても、権力行使の対象となる人々に対して無責任な権力は、ほとんどの場合、そうした人々の利益のために行使されるべきだという権力本来の目的にもかかわらず、そうした人々に対する抑圧と権力者の道徳的堕落の原因になっていると確信しているからである。同じ原則にもとづいて、われわれも急進主義者である。ただし、そうである理由は、この命題が例外のない真理だと考えているから、ということではない。また、この命題で、実践上の結論を形成する際に考慮すべきもの全部が含まれているから、ということでもない。既存の大半の制度の場合にそうであるように、この命題に真向から対立する制度や、この命題を完全に無視して構築されている制度はすべて無価値だ、と十分に立証できる程度の真理がこの命題には含まれている、と考えるからである。(pp.374-375)

ミルの急進主義的な立場は、ここで留保されている点に示されているように、ベンサム主義の理論自体への復帰を意味しているわけではない。そのことは、同じ一八三三年に書かれた「ベンサムの哲学」において明言されている。

ミルはこの論考で、実際の政治制度の改革を提言しているベンサムと、政治理論家としてのベンサムは、区別して評価する必要があると強調している。つまり、自己利益優先の原理にもとづいた権力濫用を防止するための実践的仕組みにかんしては、ベンサムは有意義な主張をしているとはいえ、幅広い前提にもとづいた普遍性のある政治理論という観点からすれば、欠落しているものが多い、という見方である。

ベンサムの理論に欠落しているのは、ミルによれば、政治や社会の制度を、国民性(ナショナル・キャラクター)形成の手段として、つまり、国民教育の手段として考える視点である。この手段にかんする知見は、国民全般の知的道徳的改善という重要な実践的目的に欠かせないものである。

このように、ミルの考えでは、政治の実践的目的は権力濫用の抑止だけではなく、国民全般の知的道徳的改善も非常に重要な目的だった。目的が複数あるという前提から見ると、同じ制度がこれら二つの目的の両方にかかわっている場合もある。また、それぞれの目的の達成の過程で、異なった制度が複雑な形でたがいに影響を与えることもある。一方の目的を促進する目的が、他方の目的を阻害することもあるかもしれない。だから、政治のアートでは、一つの目的とそれを実現する手段を構想した後で、それとはまったく無関係な形で、別の目的とその実現手段とを構想するという単純な手順をとることはできないのである。

こうしてミルは、複数の実践的目的を念頭に置いた政治の科学とアートの探究という方向で、思索を深めていくことになる。次章でその軌跡をたどることにしよう。

第三章 思索の深まり

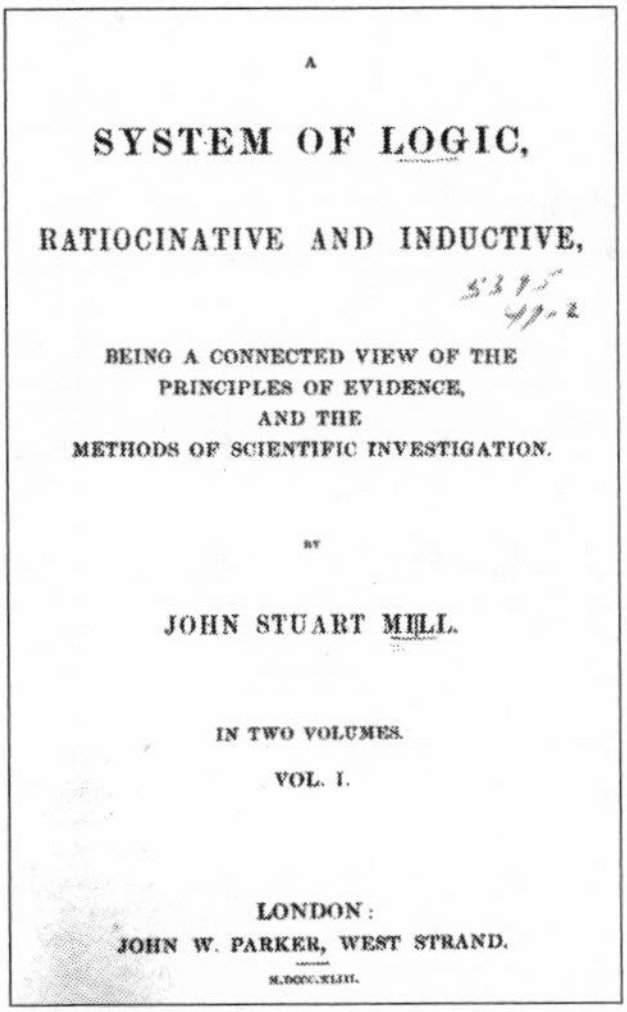
A

SYSTEM OF LOGIC,

RATIOCINATIVE AND INDUCTIVE,

BEING A CONNECTED VIEW OF THE
PRINCIPLES OF EVIDENCE,
AND THE
METHODS OF SCIENTIFIC INVESTIGATION.

BY

JOHN STUART MILL.

IN TWO VOLUMES.

VOL. I.

LONDON:
JOHN W. PARKER, WEST STRAND.
M.DCCC.XLIII.

『論理学体系』初版の扉

1831　「時代の精神」を発表。これがきっかけとなってカーライルとの交流が始まる。

1832　第一次選挙法改正。

1833　「ベンサムの哲学」。

1835　「代表の原理」。
トクヴィルの『アメリカのデモクラシー』に大きな刺激を受け、この本の書評を発表。トクヴィルとの思想的交流が始まる。

1836　「アメリカの社会状態」。
「文明論」。

1838　「ベンサム論」。

1840　「コールリッジ論」。
トクヴィル『アメリカのデモクラシー』第二巻の書評。

1841　コントとの書簡のやりとりを始める。

1843　『論理学体系』を公刊する。

1848　フランスで二月革命が勃発。
『経済学原理』を公刊する。

1849　「二月革命擁護論」。

1851　ハリエットと結婚。
フランスで、ルイ・ボナパルトのクーデター（翌1852年に皇帝に即位）。

1853　ミルとハリエットの病状（肺結核）が一時悪化。残された時間で取り組むべき著作のテーマをリストアップする。

1855　『自由論』を本として刊行することを構想。

1858　東インド会社が実質上廃止される。
ハリエットが、旅行先のアヴィニヨンで急死。

Ⅰ　政治理論の探究

社会の安定と存続

一八三三年に発表した「ベンサムの哲学」で、ベンサムの政治理論の問題点としてミルが指摘したのは、国民性の形成（国民教育）という視点の欠落にとどまらなかった。ミルはさらに、社会の安定や存続に必要な諸条件にかんする考察が欠けている点も指摘していた。法律や政治制度が各人の利益にかなっていれば、人々はそれを必ず支持するとベンサムは考えているが、ミルの考えでは、人々の服従を確保するには、それだけでは不十分である。どんな政府であっても、国民が積極的に受け容れていなければ、一年、いや一週間も存続できないだろう。政治制度が長期にわたって存続し、国民の歴史的記憶に結びついて定着していることは、合法的権威の円滑な受容を促す重要な要因である。しかし、ベンサムの理論では、この重要な真理が見落とされている。

こういう見落としは、ジェイムズ・ミル『政府論』に対するマコーリーの批判的議論の中で指摘されていた点でもあった。代議制の議会や国制は、それらを協力して守る心構えが多数の人々の中になければ存続できないにもかかわらず、『政府論』ではこの問題が十分に検討されていない、という指摘である。

「時代の精神」

この欠落を補うことをめざしたミル自身の試みは、一八三一年に始まっていた。この年、ミルは「時代の精神」と題した論考を『エグザミナー』紙に投稿した。

ミルがこの論考で参考にしたのは、社会は安定した組織期と混乱した批判期とが交互に入れ替わりながら変化していくという、サン・シモン派の理論だった。ミルによれば、安定した社会の特徴は、社会の物質的利益を適切に調整する能力をそなえた人物が政治権力を持ち、それとともに、知的道徳的にすぐれた人々の精神的権威に国民が信従しているところにある。混乱した社会には、そうした特徴が欠けている。社会のあり方にかんする一致した確定的な見解が存在せず、人々は混乱するか懐疑的になっているかである。何かしらの不満があれば、人々はすぐさま政治的変革に飛びつこうとする。この状態は、世俗権力と精神的権威が、あらためて最も有能な人々の手元に移るまで続く。それまでのあいだは、過渡期と呼ぶべき状態である。イギリスの現状は、まさにその過渡期といえる。だから、安定を確保するには、まず、この混迷と混乱の元凶である貴族支配体制の打破が必要だ、とミルは結論付けている。

この論考が発表されたのは、選挙法改正の機運が高まっていた時期だった。選挙民がほとんどおらず、有力者が選挙結果を思いのままにできる「腐敗選挙区」を廃止して、その議席を中流階級の増加が進んでいる産業都市にまわし、さらに選挙権も中流階級に拡大することを求める運動が、イギリス各地で繰り広げられていた。ミルやベンサム派の人々は、この改革を徹底的に推し進めるべきだと主張していた。ところが、ミルは『自伝』の中で、「時代の精神」は文体もぎこちないし、このような時期にそぐわない書きぶりだった、と振り返っている（一五四頁）。回りくどい言い方だが、要するに失敗作だったということである。こういう自己評価だったから、後にミルが一八三〇年代以降の論考を集めて公刊した論文集にも収められていない。それにもかかわらず、ミルが『自伝』でこの論考にわざわざ言及しているのは、後々どう読まれるのか気がかりな失敗作だったからだろう。実際、ミルの懸念どおり、ミル研究の歴史の中で、この論文を根拠にミルを隠れた権威主義者だとする解釈（曲解と言うべきだが）が現れたこともあった。

「時代の精神」に後のミルが満足できなかったのは、議論の軸がまだ十分に定まっていなかったからだと言えるだろう。この論考の前半部分では、精神的権威の不在がもたらす懐疑や混迷と、精神的権威を確立させる必要性が抽象論の形でひたすら強調されている。後半部分

トマス・カーライル

になってようやく、イギリスに求められる政治改革という論点が出てくるが、目前の状況に合わせて無理につなげた印象が強い。

このような書きぶりには、当時のミルの精神状態が色濃く反映している。このころのミルは、ベンサム主義に不満を感じつつも、しっかりした代案にはまだ到達していなかった。こういう状態でミルの心の中で生じていた懐疑と不安が、過渡期という時代診断に投影されている。「時代の精神」の特徴として描かれているのは、何よりも当時の「ミルの精神」だった。

とはいえ、混迷や懐疑の中で精神的に卓越したエリートの権威を待望する議論は、スコットランド出身の一人の文人思想家に感銘を与えた。トマス・カーライル（一七九五－一八八一）である。カーライルは、たまたまこの論考を目にして、ここに時代の精神を的確に捉えた新しい神秘主義者（カーライルの仲間）がいると思い込み、両人の交友が始まることになった。ミルは『自伝』で、こういうきっかけになったことが「時代の精神」がもたらした唯一の成果だったと回想している（一五五頁）。

ミルは後に、社会の安定と存続という問題を扱う社会科学を、「社会静学」と呼ぶようになる。この社会静学にかんして、ミルが試行錯誤の段階を抜け出して、しっかりした見解を示すようになったのは、「コールリッジ論」（一八四〇年発表）においてである。「時代の精神」からそこまで九年という長い時間がかかったのは、社会静学と並んで社会科学の主要部門とミルが考えた「社会動学」（社会進歩の法則を探究する部門）と、「国民性格学（ポリティカル・エソロジー）」という二つの科学の構想を進めていく中で、それらと社会静学との関係を明確に整理しておく必要があったためである。この点については、「コールリッジ論」を取り上げた後で、あらためて検討することにする。

サミュエル・テイラー・コールリッジ

「コールリッジ論」

ワーズワースとともにイギリス・ロマン派の詩人として知られているサミュエル・テイラー・コールリッジ（一七七二－一八三四）は、政治思想家でもあった。そのコールリッジを重要な思想家として評価していたミルは、一八四〇年に発表した「コールリッジ論」の中で、コールリッジの哲学や政治思想との関連でいくつかのテーマを取り上げている。そのうちの一つが社会静学にかかわる問題だった。この論考では「社会静学」という用語は登場していないが、「コールリッジ論」の中でこの問題を取り上げた部分は、その後、一八四三年に公刊された『論理学体系』の社会静学を取り上げた箇所で、そのまま引用されている。

ミルは、人々が一つの社会に統合され、その中で何らかの形態の統治組織（政府）に服従するという状態がいつでも無条件に可能なわけではない、という指摘から議論を始めている。独立性の強い未開人たちを一つの共通権力に服従させることは、けっして容易ではなかった。未開人たちのあいだに服従の習慣を定着させるためには、武力による制圧だけではなく宗教による共通権力の神聖化も必要だった。実際、政治社会が安定的に持続しているケースを見れば、具体的な形はさまざまに異なっていても、いずれの場合にも共通するいくつかの条件が見出される。そうした条件をミルは三つ挙げている。

第一に、政治社会の構成員とみなされる人々に対する教育の仕組みが存在していることである。特に重要なのは、自己規律のための訓練である。これは終生継続して行われている。統治組織は、個人的な衝動や意思を社会の目的のために抑制し、社会の目的に役立つような感情を育成するために、利用可能な方策を駆使している。古代の国家では、軍事面でも非軍事面でも、あらゆる政策がこうした教育を行う仕組みとして機能していた。近代の国家では、主に宗教教育がこの役割を担った。こうした訓練が弱まってしまうと、国家の解体が進み、独裁政治や外国への隷属に行き着く。

第二の条件は、忠誠の感情が何らかの形で存在していることである。忠誠といっても、ここでミルが注目しているのは、特定の支配者あるいは支配層に対する個人的な忠誠ではなく、その政治社会の国制（基本構造）の根本原則となっているものに対する構成員全般の忠誠である。他のものが変化してもこの根本原則は正当性を保ち続け、つねに不変で疑問の余地のないものとして尊重される。この忠誠の感情は、神や神々と結びつくこともあれば、宗教や慣習によって認められた特定の人物や集団に結びつくこともある。さらに、まだまだ始まったばかりの段階にすぎないとしても、個人の自由や政治的・社会的平等と結びつくこともある。政治社会における根本原則に対する政治家を含めた国民全般の忠誠は、後の『代議制統治論』において、憲法道徳あるいは政治道徳という名称で言及されることになる。

第三の条件は、政治社会の構成員のあいだに、強い結びつきが存在していることである。ミルが注目するのは、独善的な排外主義や自民族中心主義といった反感の原理ではなく、共感の原理である。自然的・歴史的に区切られた同じ領域内に住み、同一の政府の下で生活している人々には、共通した利害の感情がある。その地域に暮らす他の人々にとっての害悪を自分のものとして受け止め、自他に共通する不都合を回避することに努め、地域の人々との結びつきを粗末にしない姿勢がある。

しかし、社会と政治の改善を望んでいるミルとしては、これらの条件の重要性を強調する一方で、進歩、つまりよい意味での社会の変化に注目する視点も欠かせなかった。たしかに、一八世紀の政治理論、特にフランスの政治理論は、社会や政治の腐敗を告発し改革を急ぐあまり、社会を安定的に存続させる諸条件への配慮を欠きがちだった。とはいえ、抜本的な改善や改革が必要になっている状況では、社会安定の条件も損なわれ、社会の衰退が始まっている。この状況では、社会安定の条件に注目するだけでは事態は好転しない。社会は不可逆的な変化に直面している。その変化の力学を把握して新たな状況に適合した対応を考える必要がある。そうした考察も、社会科学や政治のアートには欠かせないとミルは考えていた。

トクヴィルとデモクラシー

ミルは、コールリッジが社会安定の条件ばかりでなく、社会の進歩にも目配りしているところを評価していた。同じ観点からミルは、オーギュスト・コント（一七九八―一八五七）にも注目していた。ただし、具体的な社会的課題の捉え方、特に女性のあり方という点では、両性の平等を強調するミルと、それを否定するコントのあいだには大きな違いがあった。コントから与えられた刺激は、社会科学の方法論という抽象的レベルに限られていた。社会変化の具体的な側面でミルの思索をいっそう深めるきっかけを与えたのはコントではなく、別のフランス人の政治思想家、アレクシ・ド・トクヴィル（一八〇五－一八五九）だった。

トクヴィルの『アメリカのデモクラシー』第一巻（一八三五年刊）をミルが読んだのは、刊行後まもなくのことだった。ミルは読み終えるとすぐに書評を発表した。特に注目される部分を英訳して内容を紹介し、それぞれに論評を加えるという形の書評だった。この書評がきっかけになって、ミルはその後、訪英中のトクヴィルと懇談する機会を持つことになり、以後、両人のあいだで書簡のやりとりを通じた長年の交流が始まった。

ミルは書評の中で、政治制度としてのデモクラシーの長所と短所にかんするトクヴィルのさまざまな議論を取り上げている。ミルが具体的なレベルで特に注目した論点の一つは、民主的統治における知性の確保という観点からミル自身が重視し始めていた「委任」と「代表」の区別だった。ミルは、議員は各選挙区の選挙民からの委任を受けた代理人にすぎないのだから、選挙民の細々とした指示に従うべきだという見方をとらず、議員は国民全般の代表として最善の判断にもとづいて行動すべきだと考えていた。トクヴィルも、議員をこのような意味での代表として捉えることを、デモクラシーの弱点を補う重要な方策として評価していたので、ミルとして

アレクシ・ド・トクヴィル

は心強い味方を得た思いだった。

ミルがもう一つ注目したのは、民主政の統治が中央集権化によって専制的になることをトクヴィルが懸念し、その防壁として地方自治の意義を強調していた点だった。トクヴィルによるこの指摘を目にするまで、ミルは、イギリスの地方自治の仕組みを地主貴族の権力を温存する道具にすぎないものと考えていた。この点ではまだ、ミルはベンサム主義の考え方をそのまま引き継いでいたのである。しかし、ミルはトクヴィルの示唆を受けて、地主貴族の地方支配という現状は事実だとしても、だからといって地方自治制度そのものを排除したり軽視したりするのではなく、民主的統治の質的向上の手段という観点から評価して活用すべきだという見方に転じたのだった。

以上は、ミルが『自伝』の中で、トクヴィルとの出会い以後に徐々に進んでいった「修正された形の」民主主義の捉え方（一六八頁）として述べている点である。これにかんする最終的見解は、一八六一年に公刊された『代議制統治論』で示されることになる。

社会変化という当時のミルの理論的な関心に戻ると、この書評でミルが重視したのは、トクヴィルが、歴史の中で示されてきた社会変化をすぐれた形で一般化していた点だった。

ミルは、貴族出身のトクヴィルが保守的な立場にありながら、社会の平等化や政治の民主化を歴史的に不可避の変化として客観的に扱っていることを高く評価した。トクヴィルの見地からすれば、平等化や民主化は、党派的な価値観から是非を論じても意味がない。それは、すでに歴史上の変化として始まっている事実であって、政治的な好悪で左右できる問題ではない。重要なのは、この変化の長所と短所を冷静に見極めることである。変化そのものを阻止することは不可能だが、変化に付随している長所を伸ばし短所を是正することは可能である。トクヴィルは変化が自国フランスにもたらしつつある危険を直視する一方で、その救済策を考え出すために、アメリカという壮大な実例を凝視した。こうしたトクヴィルのスタンスに、ミルは感銘を受けたのである。

ただし、ミルは、トクヴィルのこのようなアプローチに対して無批判だったわけではない。概念的枠組みの詰めの甘さという点で、ミルは疑問を感じていた。トクヴィルは「デモクラシー」という言葉で、社会の平等化と政治の平等化を一括《ひとくく》りにして扱っている。そうした扱い方からすれば、フランスではデモクラシーは何百年も前から不可避的に進行していたし、アメリカは政治を含めた社会のあらゆる面でデモクラシーに到達していることになる。こうした「デモクラシー」のとらえ方がトクヴィル独特の持ち味になっていて、観察の鋭さや包括性を引き出しているのはたしかである。しかし、歴史的変化という見方をイギリスに適用しようとしていたミルの立場からすると、こういうトクヴィル流の「デモクラシー」の観念は、実践的にも理論的にも使い勝手のよくないところがあった。

イギリスの社会状態には貴族政の要素が残存している。統治形態としても民主政とまでは言えない状態である。もちろん、そのイギリスでも中長期的には、社会の平等化も民主政的統治も、よきにつけ悪しきにつけ不可避である。しかし、現時点の政治でなすべきことは、短所を補う対応を念頭に置きながら、民主的改革を進める実践的努力である。社会の平等化やその弊害についても、階級社会のイギリス社会の実情をふまえた対応が必要である。

ミルはさらに、社会変化にかんする一般理論の探究という観点から、イギリスの社会状態とフランスやアメリカの社会状態について、それぞれの特殊性を超えて共通する諸側面を包括的に把握できる概念的枠組みを探し求めた。その結果、たどりついたのは「文明・文明化(civilization)」の概念だった。

文明・文明化

この新たな展開を示しているのが、『アメリカのデモクラシー』の書評に続けて、翌年の一八三六年に発表された「文明論」というタイトルの論考である。

ミルはこの論考の冒頭で、広義と狭義の二つの意味を区別して文明を理解する必要性を指摘している。広義の文明は、人間と社会の改善全般を意味している。肯定的な意味で言われる場合の「進歩」という言葉に置き換えることもできる。他方、いくつかの特定の側面での変化に絞って文明を捉える見方もある。この場合、文明と呼ばれる社会状態は、未開と対照的な状態を意味している。是非の評価はいったん棚上げされる。人々が都市に密集して定住し、相互に交流し協力している社会的な状態である。この状態では、各人の安全を保障するための仕組みとしての統治制度が持続的に維持されていて、未開状態とは異なり、個人による自力救済は例外的である。ミルが「文明論」の主題としているのは、この狭義の文明である。

ミルによれば、狭い意味での文明の進展によってもたらされる社会変化において主要な特徴になっているのは、社会的影響力や政治権力が個人や少数者から多数者へと移行していくという事実である。こうした変化が生じたのは、社会的な力の源泉である財産と知性を個人や一部の少数者が独占する状況が終わり、多数の人々に行き渡るようになったためである。こうした変化と並行して、大衆のあいだでは相互のコミュニケーションが活発になり、団結し協力する能力、つまり組織化の能力も発展した。

したがって、文明化の指標となる特徴は、財産、知性、団結能力の三つである。これらが社会全体に普及していくことで、文明は進展する。この動きは、ヨーロッパの主立った国々で近年、著しく加速している。少数者による大規模な土地所有は、解体したり衰退したりしている。他方、多数者の側では、株式会社、共済組合など、協力の能力と習慣を前提とする経済組織が発展している。また、新聞や交通機関の発達は、大規模な社会運動を可能にしている。こうした進展とともに、中流階級の知性や知識の水準はますます向上している。同じことは、労働者階級にも言える。

この趨勢《すうせい》が、デモクラシー、言いかえれば世論の政治をもたらす。イギリスのように民主化以前の状態にある場合でも、国制（統治形態）上の権力配分と実際の社会における力の配置状況との食い違いは長続きしない。社会を大きく混乱させるだけのそうした食い違いを解消するための企て、つまり、民主政統治の成立を人為によって阻止することはできない。

とはいえ、この不可避的変化を無理やり阻止しようとすることが無意味である一方で、この変化を無条件に歓迎するだけという態度も問題である。なぜなら、狭義の文明化には、望ましい改善という広義の文明化に通じる側面がある一方で、憂慮すべき問題を引き起こしているからである。

ミルの見方からすれば、憂慮すべきなのは、統治形態（国制）としての民主政に固有の問題というよりも、むしろ、文明化の特徴に起因する問題である。民主的な政治制度に必要となる配慮や修正は、社会的次元での問題を意識しながらも、分野の違いをふまえて別個に考える必要がある。政治制度から社会状態まで幅広い意味を持たせているトクヴィルの「デモクラシー」概念では、さまざまな弊害に対応する具体策の帰属する分野が区別できず曖昧になってしまう、とミルは考えたのである。

この点にかんして、ミルは「文明論」の直前に発表していた「アメリカの社会状態」（一八三六年）と題した論考で、具体的でわかりやすい記述を行っている。ミルによれば、アメリカ社会の特徴で、政治制度としてのデモクラシーが原因とは言えないもの、つまり、政治制度としてのデモクラシーに対する賛否の理由にならないものが少なからずある。極端な貧者がいないこと、賃金水準の高さ、識字能力の普及、財産の平等、仕事をせずに暮らしている有閑階級が存在していないことなどがそうである。このように政治制度に起因しない社会状態に着目すると、アメリカとイギリスの共通点が見えてくる。

イギリスからロンドンとエディンバラを取り除き、働かずに暮らせる境遇に生まれついたすべての人々、あるいはほとんどすべての人々を取り去ってみよう。そして、頂点が取り去られたピラミッドの上層に、リヴァプールの商人、マンチェスターの工場主、全国に散在するロンドン法曹界の構成員、医者、代言人、非国教の牧師を配置し、さらに、労働者階級に十分な賃金や、読書の習慣、公的問題への関心を持たせたとしよう。そうすれば、アメリカ社会とほとんど同じ社会ができ、また、アメリカと比較対照できるような唯一の基準ができるだろう。フランスの現政府は俗物の君主政と呼ばれている。ア

メリカは地方中流階級の共和国である。　　　　　　　　　　　　（p.101）

中流階級さらに労働者階級に、財産、知性、団結力という文明化の三つの要素が普及し始めているからこそ、政治制度としてのデモクラシーが中長期的に見て不可避となる一方で、まだ民主化の途上にあるイギリス社会にも、アメリカ社会と共通した問題点が早くも現われている。そのような問題点として、ミルがトクヴィルと同様に注目し強く警戒するようになったのは、多数者（大衆）の画一化であり、彼らの内面的確信が弱まるにつれて、関心が狭隘になって物質的利益の獲得や増大に集中し、高度な文化への無関心が進んで教養ある少数者が尊重されなくなり、結果的に社会が凡庸化していくことだった。

「文明論」以後も、ミルは、社会の変化を捉える方法論という抽象的な理論レベルでの考察を継続していく。しかし、具体的なレベルでは、すでにこの段階で、探究すべき中心的な課題は定まっていたと言ってよいだろう。「多数者の社会的・政治的な優勢」という社会変化の趨勢に対応して、一方では民主化を推進し、他方では弊害の防止策を講じるという課題である。ミルは今後、この課題を一貫して探究していくことになる。

国民教育と国民性格学

以上のような社会安定と社会変化という二つのテーマにかんするミルの考察は、実のところ、けっして無関係なものとしてではなく、密接に関連するものとして考えられていた。この点は、すでに取り上げた「コールリッジ論」の中ではっきりと述べられている。ミルによれば、コールリッジやコールリッジに影響を与えたゲーテ時代のドイツの歴史哲学は、人間の陶冶にかんする哲学に大きく貢献した。というのは、彼らは、社会の存続と進歩を並行して考究する中で、両方に共通する要素に注目したからである。

社会が安定的に持続するためには、その社会の成員が個人的な衝動や利益追求を抑制し、習慣的に統治権力に服従し法律を遵守するような自己規律の訓練が欠かせない。また、社会を進歩させる要因は、個人のさまざまな能力を覚醒させる教育に他ならない。いずれの場合も、鍵となるのは、国民全般の性格を形成する国民教育である。

国民教育への関心は、ミルがベンサム主義と距離を置き始めたころから一八三〇年代を通じて、このように一貫していた。とはいえ、具体的な議論は、大学改革の提言（「文明論」）や、コールリッジによるイギリス国教会改造論（国レベルの教育研究機関への改造）の紹介（「コールリッジ論」）などに見られるものの、全般的に見ると散発的という印象が否めない。その要因と考えられるのは、実践的提言（アート）の基礎となる人間と社会にかんする科学（サイエンス）、つまり国民性格学とその前提になる個人レベルの性格学にかんして、ミルがまだ模索状態にあったという事情である。これらの科学がようやく構想の形で示されたのは、もう少し後の『論理学体系』（一八四三年刊）の最終巻においてであった。この構想については、次節で取り上げることにしよう。

II　社会科学方法論の到達点

方法論探究の継続

これまで、人間と社会にかんするミルの思索の深まりを見てきた。この思想的発展は、ミル自身が『自伝』で述べているように、一八四〇年で一つの区切りを迎えることになった。その総括は、「ベンサム論」（一八三八年発表）や「コールリッジ論」（一八四〇年発表）に見て取ることができる。また、ミルは同じ時期に、自分の新しい急進主義を反映した政党を創設するという企てを断念するとともに、それまでかかわっていた『ウエストミンスター・レヴュー』の編集の仕事からも身を退《ひ》き、実践的生活の面でも大きな区切りをつけていた。

道徳や政治の分野で、これ以後ミルが取り組んでいく具体的課題と、取り組みの際の基本

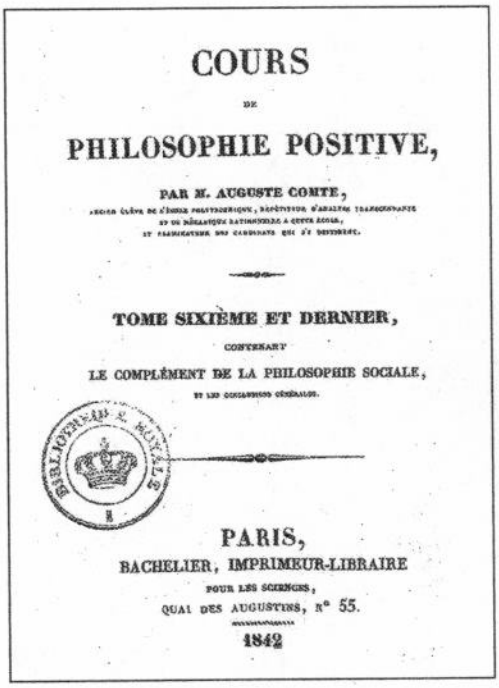
COURS
DE
PHILOSOPHIE POSITIVE,
PAR M. AUGUSTE COMTE,
TOME SIXIÈME ET DERNIER,
CONTENANT
LE COMPLÉMENT DE LA PHILOSOPHIE SOCIALE,
ET LES CONCLUSIONS GÉNÉRALES.
PARIS,
BACHELIER, IMPRIMEUR-LIBRAIRE
POUR LES SCIENCES,
QUAI DES AUGUSTINS, N° 55.
1842

実証哲学講義・第6巻

オーギュスト・コント

姿勢は、思索の面でも実践の面でも、この時点でほぼ固まったと言える。

例外的に残っていたのは、方法論の分野だった。マコーリーのジェイムズ・ミル批判をきっかけに始まった方法論上の探究はかなり前進したものの、依然として未完の状態だった。ミルが探究の到達点を披露したのは、一八四三年になって刊行された『論理学体系』の最終巻においてだった。遅れた理由は、逐次刊行中のコントの『実証哲学講義』（一八三〇－一八四二年）にあった。この著書にミルは関心を持ち続け、一八四一年にはコントとの書簡のやりとりも始めていた。しかし、ミルはコントのこの大著に対する評価を、最後の巻（第六巻、一八四二年刊）の刊行まで慎重に保留していたのである。

合理的認識の前提

ミルは最終的に、『論理学体系』の中で、コントの社会科学方法論に対して、非常に高い評価を示すことになった。それがどういう評価であったかを理解するためには、『論理学体系』で示されているミルの基本的な考え方をあらかじめ把握しておく必要がある。できるだけ簡略に示しておこう。

ミルが事実認識の世界での合理的認識という課題で焦点としたのは、個々の現象にかんする認識というよりも、さまざまな事実の相互連関にかんする法則の認識だった。ここでの相互連関の法則とは、原因と結果の関係に示される法則である。このアプローチの前提にあるのは、すべての現象は何らかの原因の結果であるという見方、つまり、世界は原因から結果への連続性に満ちているという見方である。ただし、ミルの考えでは、この見方自体は証明不可能である。むしろそれは、合理的な認識を支える公理的前提である。

説明や証明が不可能な問題はもう一つある。因果関係をさかのぼっていくと、最後は宇宙を創造した原因（宇宙を創造した神的な何か）という問題に行き着く。しかし、これについて、合理的説明つまり因果論的な説明をしようとすると、宇宙を創造した原因の原因は何かという問いかけになってしまう。いわゆる無限後退に陥ることになる。したがって、人間の知的能力の限界をふまえて、これ以上の遡行は不可能と考えられる法則性が把握できれば、それで十分としなければならない。そのような究極的な法則をミルは「基本法則」と呼んだ。

基本法則と経験法則

人間の感じ方や行動の一定のパターンがどのように形成されるかは、ミルが重視していた人間の陶冶（教育というアート）にかかわる人間認識（科学）の対象だった。その科学性を担保するのは、観念連合論（連想心理学）という個人を対象とした心理学から引き出される基本法則である。一定の環境が一定の性格をもたらすというのは経験的な認識だが、すでに述べておいたように、このような経験的一般化（経験法則）は、事情によって実際には成り立たないこともあり、普遍的認識にはならない。

たとえば、老人は慎重だという経験的認識は、加齢が原因だとは言えない。慎重でない老人もいる。慎重さの原因は、むしろ、本人が長年にわたって恐怖を数多く経験したことにある。老人は慎重だという経験則が特定の事情で成り立つ場合でも、恐怖という原因が連想によって慎重さに結びつく、という人間本性の普遍法則を考慮に入れておく必要がある。それができたときにはじめて、経験的認識は限定的な一定範囲内で合理的な認識になる。

しかし、ミルはここで難問に直面していた。慎重さは恐怖との連想で合理的に説明できるとしても、連想心理学の抽象的原理そのものから、慎重さと恐怖との連想という具体的な関連を引き出すことはできない。

この問題の典型的な例として、ミルは天文学における問題に言及している。ケプラーの法則は、太陽系の惑星運動にかんして観察から得られた経験法則である。しかし、運動の基本法則であるニュートン力学の法則それ自体から、太陽系やその中での惑星の配置関係まで演繹することはできない。論理的には可能だとしても、因果関係の連鎖があまりにも長大で、人間の知性で扱うのは不可能である。しかし、経験法則であるケプラーの法則は、ニュートンの力学法則を使って証明できる。最初は経験法則でしかなかったケプラーの法則は、このように基本法則から演繹可能であることが示されたとき、つまり、力学上の基本法則の派生法則だと示されたとき、太陽系の惑星のさまざまな運動を合理的に説明できる科学的な原理、つまり、ミルが「中間原理」と呼ぶものに昇格する。

このように、中間原理は基本法則によって説明可能な法則（派生法則）であり、また、関連する個別の細かい経験法則は、中間原理によって説明可能である。このようにして、中間原理が、基本法則と経験法則を媒介し連結できるようになれば、合理的認識の壮大な体系が構成されるようになる。

社会科学における中間原理

ところが、社会科学の場合、問題はまだ解決していない。「文明論」でミルが指摘していた財産、知性、団結力の広がりという文明化（社会変化）の特徴を取り上げてみよう。これらの特徴は、さまざまな事例で観察されるから、社会変化を説明する経験的認識として扱うことは可能である。しかし、これらの要素の変化は、社会の変化に関連することが多いと言えるとしても、そうした具体的な要素の変化を、人間本性の基本法則の側から直接の演繹によって推論することはできない。経験的一般化と基本法則とを隔てる距離は非常に大きい。しかも、ケプラーの法則の場合にくらべて、社会変化の場合は、各要素の相互連関は格段に複雑で、また、そうした複雑で錯綜《さくそう》した関連それ自体が、一つにまとまった形で後続する社会状態にも影響する。そのため、ケプラーの法則で惑星の今後の動きを確実に予想できるのとは異なり、経験的に得られている文明化の特徴から、たとえ過去の社会変化について説明できたとしても、今後、同じ変化が続いていくのか、停止するのか、逆行するのかを法則に即して予測することまでは望めない。

要するに、文明化の場合のように、さまざまな事例から比較的容易に得られるような経験法則は中間原理にはなれない、ということである。社会が安定して存続するのに必要な条件（社会静学的な見地から見たさまざまな条件）にしても、社会変化のさまざまな特徴や要因（社会動学的な見地から見た特徴や要因）にしても、それらをたがいに結びつけ並存させている要素を捉えた原理で、しかも、人間本性の基本法則から説明できるような原理だけが、中間原理となりうる。

現時点では、そのような中間原理はまだ十分には確立していない。しかし、ミルによれば、有力な手がかりは存在している。社会変化の要因と考えられるものの中に、抜きん出たものがある。それは、人間の思索能力である。たしかに、知的探究の営みは、ふつうの人々の生活の中で優位を占めているわけではない。人々の関心は自分の身近な生活にあって、それを向上させるときの推進力は、物質的な安楽を増加させようとする欲望である。とはいえ、生活向上のために外部の対象に働きかけるとき、その成否を左右するのは、そうした対象についての知識である。また、社会全体に目を転じても、人々を共通権力に服従させて社会を安定的に存続させるためには、人々が社会全般の意見（世論）に信従している必要があるが、そのあり方を左右するのは、人々の知性の状態である。人々の知性の水準が高まれば、世論の水準も高まる。だから、経済活動における進歩の場合に限らず、政治や道徳における進歩においても、人間の思索能力が決定的要因だと言える。

人間の思索能力がこのような働きをすることは、人間本性の原理からたどることができるし、なおかつ、歴史的経験にも符合している。したがって、ミルによれば、人間の思索能力の状態にかんする変化は、社会変化の中間原理の候補として資格十分だと言える。

この中間原理は、まだ明確で決定的な形では確立していない。しかし、その有力候補は、コントの理論の中に示されているとミルは指摘する。

コントは、コールリッジと同様に、社会の持続と進歩の双方を見据えている。コールリッジは、それらを「持続と進歩」と呼んだが、コントは「秩序と進歩」と呼んでいる。これら二つの全般的な社会現象を包括的に把握する社会学の方法をコントは「歴史的方法」と呼んだ。その要となる中間原理として、コントは、人間の思索状態には三つの段階があり、その順序に従って進歩してきたという三段階説を提唱していた。三つの段階とは、神学的段階、形而上学的《けいじじょうがく》段階、実証的段階である。各段階での思索の対象は自然現象に限らず、社会や道徳の規範など人間の行動原理全般におよぶ。

神学的段階ではすべての中心に神が据えられている。形而上学的段階では抽象的な観念思索が主役になる。フランス革命は、コントの理解では、現実を見ずにもっぱら抽象原理に依存したことによる失敗であり、形而上学的段階の終焉《しゅうえん》を象徴している。今始まりつつあるのは、三つ目の実証的段階である。ここでは、すべては事実と事実にもとづく理論を中心に理解され、処理される。

ミルはコントのこうした考え方を高く評価したが、これで社会学が完成の域に到達したとまでは考えていない。コントが示しているのは、あくまでも社会学の望ましい姿の出発点である。さらに言うと、以前からミルが抱くようになっていたコントの議論への違和感は、『実証哲学講義』の最終巻を読み終えた段階で、決定的なものになっていた。とくに、社会静学に関連する議論として、家族を社会安定の要因として重視する観点から（コント自身には離婚経験があったにもかかわらず）主張されていた離婚禁止論は、ミルにとってはけっして容認できない主張だった。また、人間理解の基礎をミルが心理学に置いていたのとは異なり、生理学を基礎と考えていたコントは、身体能力ばかりでなく知的能力においても女性を男性に劣るものとみなしていたが、これは、性格形成の可能性を否定する議論を退けていたミルにとっては、断固として拒否すべき生理学的宿命論だった。これらの点での見解対立は、両人の知的交流が断絶する大きな原因ともなった。しかし、それ以上に重要な点がある。性格形成にかんするミルのこうした見方は、コントとは異なる人間科学や社会科学の構想にも連動していた点である。

国民性格学

『論理学体系』の最終巻となる第六巻は、人間と社会にかんする科学の方法論の分野で、ミルの思想的な展開が一区切りしたことを示している。人間や社会の営みを因果法則で把握する際の最大難問だった自由と必然の問題、ジェイムズ・ミルの『政府論』に典型的に見られた抽象的（幾何学的）演繹法を政治理論に応用することの問題点、それに代わるべき具体的（物理学的）演繹法とその代表的応用例としての経済学、社会の持続や進歩を総括的に扱う社会科学のように具体的演繹法を使えない場合の社会科学の方法など、ミルが取り組んできたさまざまな問題に対する回答が第六巻に集約されている。それらの回答に示されたミルの見解は、以後ずっと維持されていくことになる。

さらに、これらとともに取り上げられている科学として、性格学と国民性格学があった。どちらも、特定の事情と特定の感情や行動パターンとの因果関係を解明する科学であり、個人を対象とするのが性格学、一つの国の国民全般を対象とするのが国民性格学である。

一定の性格という結果とそれをもたらす原因にかんしては、さまざまな経験的知見がある。たとえば、前にも示したが、老齢と慎重さとの関連がその一例である。性格形成にかんする法則が科学的な裏付けを持つためには、そうした法則が連想心理学の基本法則から派生していることをきちんと把握している必要がある。この点で、性格形成学は経済学と同様の性格を持っている。いずれも、具体的演繹法が適用される科学である。つまり、性格形成学で得られる法則は、経済学の場合の経済法則と同様に、そこを出発点にして合理的な推論をすることは可能であるとしても、究極的に言えば、人間本性の基本法則から派生した二次的法則であり、また、あくまでも傾向を示す法則である。この傾向に対抗する要因があれば、観察される事象は二つの傾向が合成された結果として現れることになる。

今このように紹介しながら、筆者自身をもどかしくさせているのは、性格学や国民性格学にかんする『論理学体系』の議論が、以上のような方法論上の抽象的問題に限られていることである。経済学なら、ミルは求められれば、科学法則の地位を得ている法則の具体例を楽々と示せただろう。しかし、性格学や国民性格学の場合はそうはいかなかった。経験レベルでは、ミルはすでにさまざまな知見を蓄積しつつあっただろうが、科学としての具体的イメージは、まだ、はっきりとした形をとっていなかったのである。実際、『論理学体系』が公刊された一八四三年の年末に、ミルは知人のベインに宛てた手紙の中で、明確な構想（スキーム）はまだできておらず、著述を始める段階に至っていないことを認めている。

結局のところ、これ以後も、ミルがこの状態から前進することはなかった。その理由については明言していないが、事情は少なくとも部分的には推測できそうである。

ミルは、性格学を意味する言葉として、ethology という表現を用いた。ギリシャ語の ethos（エートス）に由来する言葉である。ラテン語では habitus（ハビトゥス）となり、英語であれば mores（モーレス）という語が相当する。これらは習俗や習慣を意味しており、実のところ、これをテーマとした思索は西欧の道徳思想の中で重要な位置を占めていて、それだけで重厚な歴史を形作っている。古典古代の書物に精通していたミルだから、そのことは知っていただろう。だとすれば、そういう考察の歴史を手がかりに、性格学の具体的イメージを作り上げるといった可能性もあったのではないかと思える。

しかし、ミルにとって性格形成の問題は、具体的な実践から距離を置いた学術的な関心の対象ではなく、もっと切迫した実践的問題だった。性格形成の問題は、「精神の危機」の中でミルを深く悩ませた問題であり、文明化の進展による画一化や個性の衰退という深刻な社会問題にもかかわっていた。それらに対処する実践の技術（アート）としての陶冶や国民教育へのミルの強い関心が、さしあたり同時代的な実用性のある経験的認識に向かい、科学的一般論としての性格学の開発は後回しにされたということではないだろうか。

その後の展開

性格学をめぐる以上の点も含めて、ミルの社会科学方法論の到達点は、これまで見たように、『論理学体系』第六巻に集約されている。ただし、この到達点からさらに、歴史社会学や比較社会学の壮大な体系が発展する、ということはなかった。これ以降、ミルが強みを発揮したのは、現在と近未来について実践的な関心から現実を観察し、必要と考えられる提言を行うという営みにおいてだった。

しかし、ここであらためて言っておかなければならない。そうした営みを背後から支えていたのは、方法論的探究の中で確立していった精神的態度だった。根拠のない独断へのこだわりをミルは拒否した。部分的真理が含まれている主張であっても、それにだけに固執する党派的な教条主義をミルは退け、さまざまな部分的真理に積極的に心を開く必要を強調した。ミルはまた、経験的認識が実践においてしばしば有益であることを認め、自分自身もしばしば活用しながらも、それとともに、経験的認識が本来的に持っている方法論上の限界やイデオロギー化の危険性に対して、注意を喚起し続けた。

このような精神的態度の前提には、もちろん、「精神の危機」とそれ以後の模索の経験が反映していた。人間や社会にかかわる問題の場合、部分的真理への固執は、推論の前提にある精神的態度に起因する。つまり、そうした固執は、人間本性に対する共感と理解の狭さから生じる。これを克服するには、詩などの芸術に接することで想像力を陶冶する必要があるとミルは考えた。

ミルは同様の観点から、方法論的議論において、検証の手続きの重要性を強調した。推論の出発点にある人間理解を想像力によって拡大したとしても、見落としの可能性は依然として残る。そうした見落としの有無を確認するために、推論で得られた結論で説明できない事象があるかどうかを慎重にチェックする必要がある。こういうチェックは、未来にかんしては不可能だが、過去にかんしては可能である。その手段を与えてくれるのは歴史である。ミルは、歴史から得られる経験的一般化には不確かな面があるという「精神の危機」以前からの考え方を維持する一方で、「危機」以後は、推論の出発点の狭さを痛感することによって、歴史的知識を検証の手段として重要視するようになっていた。

Ⅲ　一八四〇年代後半から五〇年代

『経済学原理』

一八四三年に公刊された『論理学体系』は高い評価を受け、ミルは哲学者としての地位を確立した。この大著は、幼少期の学習からコント理論の研究にいたるまでの長年の研鑽《けんさん》と努力の成果だった。

『論理学体系』の公刊後は、予定していた性格学の著述がうまく進まなかったので、ミルは方針を転換し、一八四五年の秋に『経済学原理』の執筆を始めた。少年時代にリカード経済学を学んで以来の長年の積み重ねがあったおかげで、大著でありながら作業は急速に進んだ。この著書は一八四八年四月に公刊され、これによってミルは、今度は経済学者としても広く世間に認められるようになった。

五巻からなる『経済学原理』の各巻のタイトルは、第一巻が生産、第二巻が分配、第三巻が交換、第四巻が社会進歩の経済への影響、第五巻が政府のもたらす経済への影響である。ミルの多面的な思想のうち、道徳や政治の分野に焦点をあてている本書との関連では、二つの点が注目される。

一つは、第四巻で社会動学的な観点から、経済発展が限界に行き着く静止状態（定常状態）や労働者階級の将来（社会主義の問題）が取り上げられていることである。静止状態論では、自然破壊を阻むために、自発的に経済成長を停止させることが提言されている。また、社会主義については、国家権力による経済統制に反対しながらも、一八五〇年代の改訂版になると、人々が政府に頼らずに協同組合を通じて協力関係を構築していくことについて、容易でないことを指摘しながらも期待を寄せるようになっている。いずれも、持続可能な開発目標（SDGs）、非営利組織や社会的企業といった今日的な観点から見ても興味深い議論である。

注目されるもう一つの点は、第五巻で政府による干渉の根拠や限界が論じられていることである。その箇所で扱われている政府干渉の問題は、後の『自由論』で再登場することになる。

『経済学原理』が刊行される直前、一八四八年二月には、フランスで二月革命が勃発していた。ミルはこの革命を支持する立場から、翌一八四九年には、「二月革命擁護論」と題した長文の論説を発表した。「精神の危機」以後、ミルは、社会の進歩と安定、国民性の三つを社会や政治にかんする探究の主要テーマにしており、抽象的な方法論にかなりの比重を置いていた。しかし、二月革命は、目前にあるフランスの大きな政治的変動という、具体的な事例に即して考察を深める機会をミルに与えた。「二月革命擁護論」に示されているこうした考察の成果は、この後の本書第五章で見るように、『代議制統治論』の各所で活かされることになる。

しかし、実のところ、考察を深める機会を与えたのは二月革命だけではなく、革命後の事態まで含めた一連の出来事だった。フランスの政治情勢のもたらす影響は、フランス一国にとどまらず、イギリスやヨーロッパの国々にもおよぶとミルは見ていた。事実、二月革命はヨーロッパ各国の革命や改革を刺激した。そういう波及性のある革命だったから、革命の成否はミルにとって重大な懸案だった。実際、ミルは「二月革命擁護論」の中で、憂慮すべき点を指摘していた。それは、イギリスとは異なり、革命後の共和国では行政の長（大統領）が議会解散権を持っていなかった点である。この仕組みだと、議会との対立が激化したときには、大統領は国民に訴える手段がないために、あるいは手段がないという口実で状況打開のためにクーデターに訴えかねないし、そうなってしまえば、大革命のときのような独裁者の専制的な支配がフランスに復活するのではないか、とミルは心配したのである。

ミルの予感は的中してしまった。大統領に選ばれたルイ・ボナパルトは、共和国体制を見限って一八五一年のクーデターを起こし、翌年、皇帝の座に着いたからである。こうしたフランスの動向が、ミルの予測したとおり、フランスにとどまらずヨーロッパ規模の政治的反動を助長したことで、ミルの失望はいっそう深いものになった。

実践的技術における目的論の三区分

他方、同じ一八五一年には、ミルの思索に理論レベルでの新たな進展があった。それは実践的目的を区分する見方の確立である。

『論理学体系』第六巻第一二章で取り上げられていた実践的目的にかんする理論の記述は、一八五一年の改訂版で大幅に書き換えられた。この改訂版で、ミルは目的論（teleology）とでも呼ぶべき実践的目的の理論を三つの分野に区分した。第一に、自他の権利や自由を保護することを目的とする分野であり、狭い意味での道徳（公共道徳）の領域である。各個人にとっても社会全般にとっても死活的重要性を持つ領域なので、与えられる指示は、各種の強制力を背景とした義務をともなうものとして示される。第二の分野は思慮の領域である。思慮は、各個人に固有の生活上の方針や工夫にかんして、各自にとっての利益という観点から最も望ましいものを指示する。第三の分野は美の領域である。この分野の目的論は、名誉とか麗しさといった各個人の価値観や理想を実現するための方針を指示する。

この三区分の原型は多少異なる形ではあるが、「ベンサム論」（一八三八年発表）に登場していた（二八四頁）。そこでの議論は、ベンサムの道徳論が知的・道徳的陶冶の問題を取り上げていないという、「精神の危機」後の議論を引き継ぐ形で行われていた。しかし、『論理学体系』の中で目的論の三区分を扱った議論は一八四三年の初版と一八四六年の第二版にはなく、登場したのは一八五一年の第三版においてだった。

加筆された実践的目的の三区分は、ミルの実践的思考において非常に重要な意義を持っている。なぜなら、この三区分は、一八五〇年代以降の円熟期に入ったミルの道徳や政治をめぐる著作において、議論を整理する基本的な枠組みとして重要な役割を果たすことになるからである。それについては本書の第六章であらためて取り上げることにしよう。

社会的孤立と病気

一八五〇年代は、政治情勢ばかりでなく、ミルの個人的生活においても、厳しい冬の季節になった。ミルは一八五一年四月に、その二年ほど前に夫を亡くしていたハリエット・テイ

壁面に取り付けられたプラーク

ケンジントンに残っているミル一家の旧居

ラーと結婚した。ミルは一八三七年以来、母親や妹たちとロンドン中心部のケンジントンで長らく暮らしていたが、結婚を機に、テムズ川の南側に位置するブラックヒースに転居した。結婚をめぐって家族との軋轢《あつれき》が深まる中、ハリエットと二人だけの生活を始めるためにだった。

ブラックヒースは広い野原のある地域で、ミル夫妻が暮らしていたと思われる場所には、現在では集合住宅が建っている。周辺は今でも閑散としていて、地名どおりの荒涼とした雰囲気が残っている。ミルは、仕事や旅行で出かけるとき以外は、ここに引きこもった。最愛の女性と暮らせるようになったから孤独ではなかっただろうが、親族ばかりでなく友人や知人との接触もほとんどなくなり、社会的には孤立した状態だった。

それでも、ミル夫妻は新しい生活に幸福を感じていたことだろう。しかし、二人の共同生活には当初から影が差していた。ミルもハリエットも結婚以前から、結核に罹患《りかん》していたからである。病状は少しずつ悪化していた。抗生物質の投与という治療法がまだなかった当時

ブラックヒースの
ミル夫妻の住いがあったと思われる場所

は、結核は不治の病であり、この病で亡くなる人はミルの身辺でも少なくなかった。ミルとハリエットに残されていた治療法は転地療法だけだった。二人は、冬になると暗く寒いイギリスを脱出して、南フランスやイタリアに長期滞在した。

一八五三年の秋、ハリエットの病状が滞在先のニースで悪化した。ミルは年末まで付き添い、ハリエットの病状がやや回復したところで、一人でイギリスに帰国した。しかし、ミル本人の体調も思わしくなく、東インド会社の勤務を続けられるかどうかを深刻に考えざるをえない状態にまでなった。

著作の構想

こうして、ミルとハリエットはどちらも、人生の終わりを強く意識し始めた。ハリエットよりも先に帰国していたミルは、著述作業の現状や今後の構想を伝える何通かの手紙を、フランスに残っていたハリエットに宛てて書いている。二人の手紙のやりとりからは、当時のミルが、後に刊行されることになる『宗教三論』のうちの一つ、「自然論」を書き上げていたこと、若いころ（「精神の危機」以後）に書いた論説を集めた論文集の編纂《へんさん》を進めていたこと、『自伝』の初期草稿のかなりの部分まで書いていたことなどがうかがえる。さらに、残された時間を念頭に置きながら進めていた仕事の意図については、当時の日記の中で次のように明言されている。

私の心の中にあって、誤謬と偏見を打破し正しい感情と本当の真理を育成することを支援できるもののすべてが私とともに死んでしまわないように、それらを書き留めるという厳《おごそ》かな仕事が私にはある。この仕事を自分がどれほど遅れたままにしているかを想うと辛い。それにもまして辛い想いがするのは、私よりもずっと深い知性とずっと気高い感情を持っている人〔ハリエット〕の英知の解説者として、自分がどれほどわずかのことしかしていないかということである。この辛い想いは、私の健康が回復すれば癒やされるだろう。たとえ回復しなくても、この仕事に向けて多少のことは、猶予期間さえ十分にあればできるのではと思う。（一八五四年一月一九日、p.644）

この一節の後半部分にあるハリエットの「英知の解説者」という自己規定は、後に『自由論』の冒頭に掲げられる献辞の中で再登場する。実際、ミルは、この年に自由を主題とした短いエッセイを書き始めた。そして、翌一八五五年の一月には、一冊の本として書き改めることを決意し、転地療養のために滞在してたイタリアから、イギリスに残っていたハリエットにそのことを手紙で伝えた。

ここに来るまでのあいだ、いろいろと熟考を重ねるうちに、以前私たちが話し合ったことのある構想にたどりつき、今、執筆し公刊するのに最もふさわしいのは、自由にかんする本だろうと思うようになりました。それには非常に多くのものが盛り込めるでしょうし、私にはこの本ほど必要なものはないと思えます。それはいっそう必要になりつつあります。なぜなら、世論はますます自由を侵害する傾向にあり、また、今日の社会改革論者のほとんどすべての計画が、まさしく自由の圧殺（libertycide）だからです。特にコントはそうです。……健康の許す限り——そうあってほしいのですが——一八五六年までに書き上げて公刊するように努めます。

（一八五五年一月一五日、p.294）

この手紙は、自由の脅威として、多数の専制とコント的なエリート専制の二つを並列して取り上げている点でも注目される。自由の脅威に対する二つの専制という見方は、次章で示すように、『自由論』の意図や主旨を理解する上で重要な鍵となるだろう。

ハリエットが亡くなったホテル

ハリエットの死

一冊の本として『自由論』を書き上げる作業は、目算どおりには進まなかった。不安定な健康状態にあったミルは、さらに、東インド会社の通信審査部長という、父ジェイムズがかつて就いていた地位に上りつめていた。しかも、重責を負う立場にある者として、セポイの反乱（インド大反乱）やその後の会社の実質的廃止という大問題への対応に追われていた。『自由論』の執筆がようやく最終段階に到達したのは、一八五八年の後半だった。その時点でミルは、年末から翌年にかけて、ハリエットと共同で最後の推敲《すいこう》を行い、その後に公刊というスケジュールを考えていた。しかし、予定どおりにはならなかった。

この年の秋、病状が思わしくなかったハリエットは、ミルと一緒に転地療養に出かけた。目的地は、ミルの少年時代の思い出が残る南フランスのモンペリエだった。しかし、ハリエットは、途中のアヴィニョンのホテル（オテル・デュロップ）で重篤な状態に陥り、急死してしまった。一八五八年一一月のことである。

ミルがアヴィニヨンで購入した家

付き添っていたミルは、アヴィニヨンの市内にある墓地にハリエットの亡骸《なきがら》を葬り、墓地が見える場所に建っていた小さな家を購入した。それからミルは、ハリエットとともに滞在していたオテル・デュロップの部屋の家具調度を買い取り、その小さな家に移した。この家は、その後東インド会社を退職したミルが、亡くなるまでの十数年間、一年のほぼ半分を過ごす場所になった。

ハリエットが亡くなってからしばらくのあいだ、ミルはこのようにして、今後アヴィニヨンに来てハリエットの想い出とともに過ごすために、できるだけのことをしつくした。亡き妻への心を込めた献辞とともに『自由論』が公刊されたのは、ミルがイギリスに戻ってからの一八五九年二月になった。

第四章　『自由論』

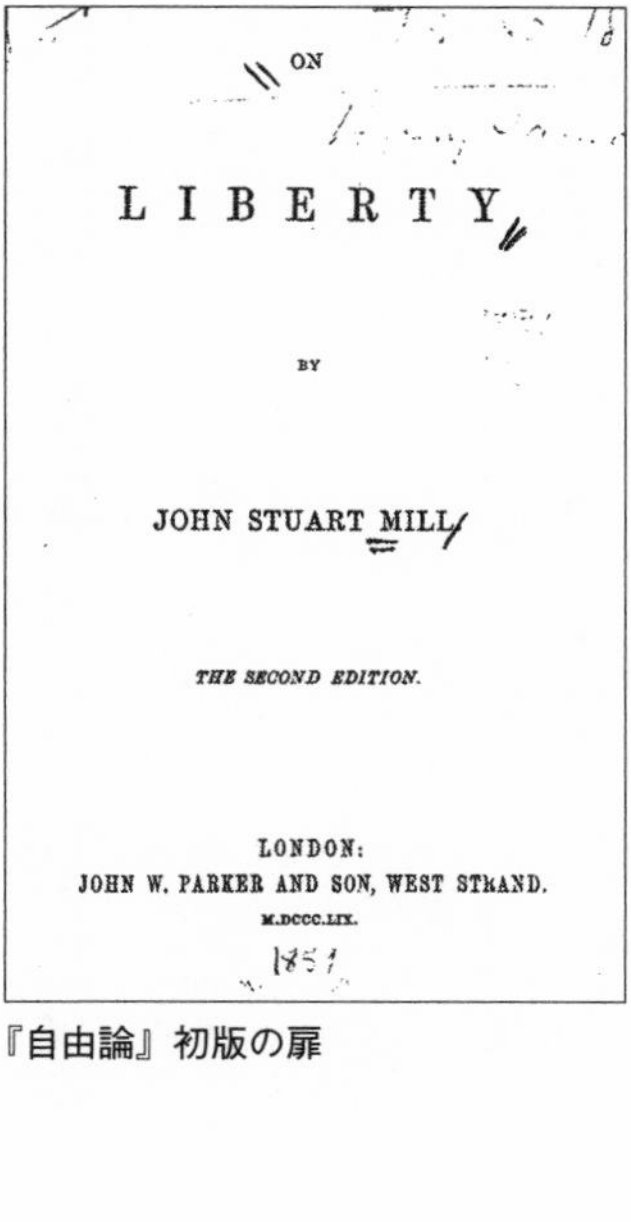
ON

LIBERTY

BY

JOHN STUART MILL

THE SECOND EDITION.

LONDON:
JOHN W. PARKER AND SON, WEST STRAND.
M.DCCC.LIX.

『自由論』初版の扉

1854　自由にかんするエッセイを書き始める。

1855　一冊の本として自由にかんする論考を書くことを決意する。

1858　ハリエットが11月に死去。

1859　『自由論』公刊。同年に同第2版。

1864　『自由論』第3版。

1869　『自由論』第4版。
『女性の隷従』。

本章では、ミルの代表的著作である『自由論』の読解に取り組む。ミルは難解な概念や専門用語を使わず平明な書き方に配慮していて、内容も自由にかんする今日の常識的見解と重なるところが多いので、大筋の理解にかんしては困難はないだろう。ただ、それだけにかえって見過ごされそうなところもある。そこに注意しながら、できるだけ深掘りした読解を試みることにしよう。

I 説得の書としての『自由論』

主題の設定

ミルの論考ではつねに、冒頭で主題が明確に提示される。『自由論』も例外ではない。ミルは最初に、この本で扱うのは意志の自由ではなく、社会生活の中での自由であると宣言している。

しかし、実のところ、ミルにとって意志の自由と社会生活の中での自由という二つのテーマは、自由という言葉で物事を考えるときには、いつでも頭の中で並存していたテーマだった。なぜなら、ミル本人の経験の中で、これら二つの問題は切り離せない形で結びついていたからである。一方では、宿命論という内面の障壁が自分の前に立ちはだかる、という経験があった。他方で、自分が受けた教育の中で——さらにハリエットとの関係でも——禁止や抑圧という外的な障害を実感していた。これらの内的な障壁と外的な障害は、内発的な意志を挫《くじ》き尊厳の感覚を損ねるという点で共通していた。ミルは『自由論』の冒頭で、自分にとって本来は切り離せない二つのテーマのうち、一方をあえて棚上げしているのである。

ここには、『自由論』の「説得の書」という性格が端的に表れている。自由を当時の社会の差し迫った脅威から擁護することが、この本の明確な目的だった。テーマを絞るという宣言は、二つのテーマの重要性と相互連関を強く意識していたミルが、誰にもまして自分に言い聞かせるための宣言になっていたようである。

自由をめざした闘いの歴史

次に、歴史的観点からのテーマの絞り込みが続く。『自由論』第一章の前半部分は、自由が直面している現在の課題を浮き彫りにするために、自由をめざした過去の闘いの課題との対比を示し、両者の違いを示すことが意図されている。

ミルの議論の出発点は、政治権力が存在せず各人が独立している自然状態といった社会契約説の仮説ではなかった。出発点とされたのは、過去に実在した状態、つまり、物理的な支配力を持った有力者が散在し割拠する状態である。この状態の中で自由を望んだ人々が闘いの狙いとしたのは、統治権力の廃絶とか奪取ではなく、統治権力による侵害の防止だった。有力者たちは誰であれ、本来的には、弱い者を力で支配してむさぼり食う猛禽《もうきん》だった。力を持たないふつうの人々は自分の安全や自由を確保するために、数多くの猛禽の中で最強なものに服従し、その力に頼って他の猛禽たちから自分を守ろうとした。しかし、この最強の有力者も猛禽であることに変わりはなく、やはり危険な存在である。支配者の持つ権力のそうした危険性を軽減することが、人々の先頭に立って闘った「自由を愛する人々」（一三頁）の課題だった。

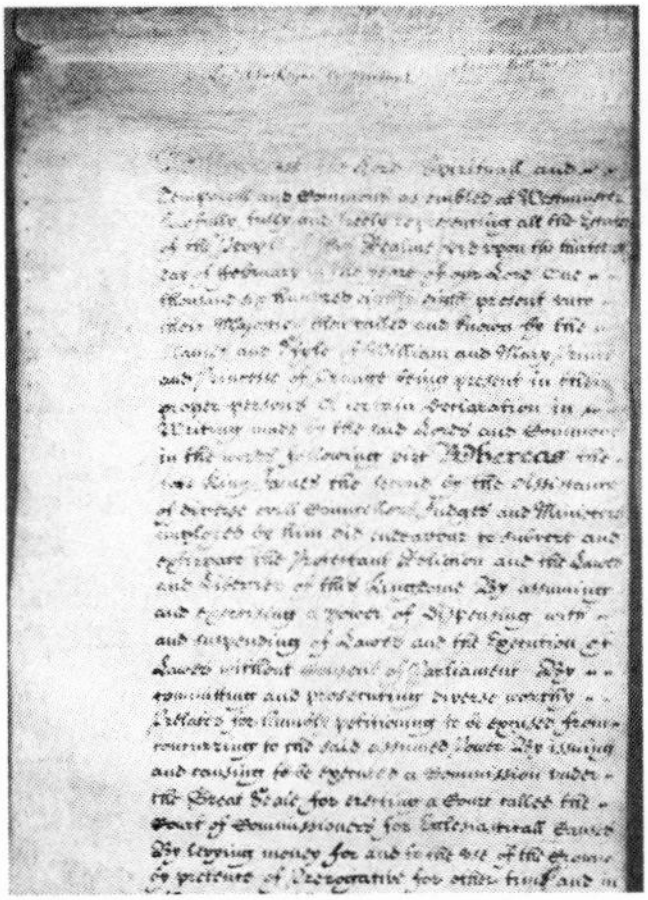

立憲的制約の代表例：イギリス権利章典（1689年）の一部

　支配者の権力を抑制するために追求された具体的な方策は二つあった。第一に、特定のケースごとに、支配者の干渉を排除できるような免責特権を勝ち取ることである。第二に、もっと広い範囲におよぶ方策として、権力を抑制する一般的ルールを確立すること、つまり、権力に対する立憲的制約を確立することである。これら二つの方策は、統治が必要不可欠であることを認めながらも、統治者と被治者のあいだの利害対立もまた不可欠であることを前提に、統治者による侵害から被治者の保護をめざしたものだった。

現代における自由への脅威

しかし、時代を経るにつれ、世襲の君主とか貴族といった統治者に主権的統治を委ねるのではなく、被治者自身が主権者になった方がよいという考え方が現われる。統治者と被治者の同一性（利害の一致）を求める民主主義の考え方である。この考え方は、アメリカの民主的共和国の登場とともに現実となり、この政治体制が、アメリカに限らず、他の国々へと拡大していく歴史の趨勢《すうせい》であることも明らかになってきた。

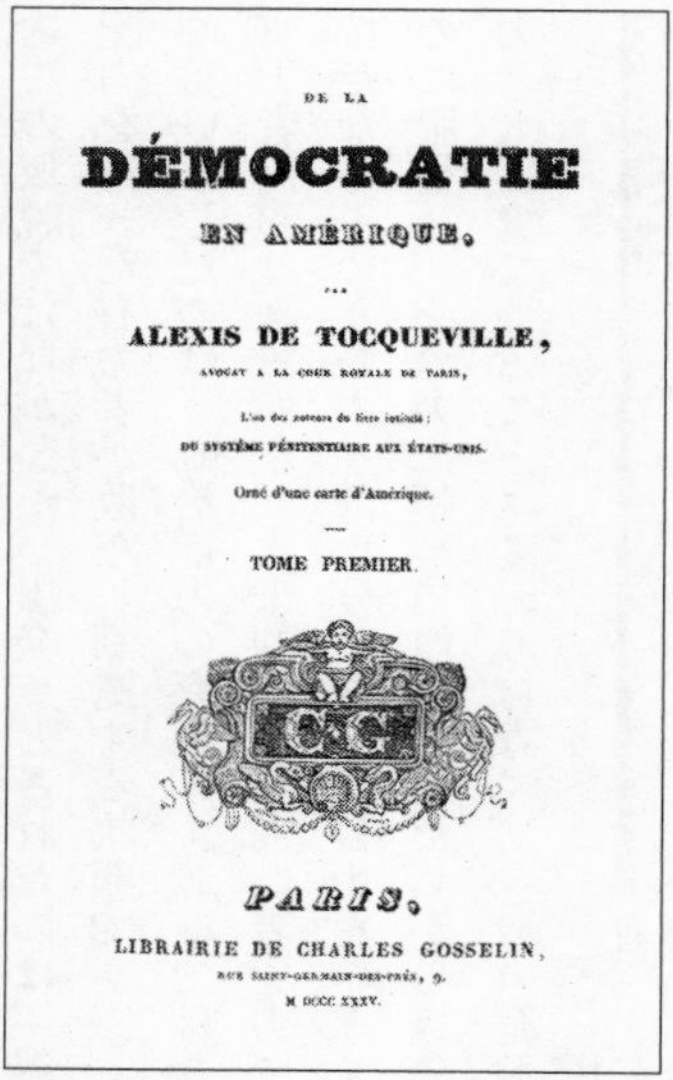
DE LA
DÉMOCRATIE
EN AMÉRIQUE,
PAR
ALEXIS DE TOCQUEVILLE,
AVOCAT A LA COUR ROYALE DE PARIS,
L'un des auteurs du livre intitulé:
DU SYSTÈME PÉNITENTIAIRE AUX ÉTATS-UNIS.
Orné d'une carte d'Amérique.
TOME PREMIER.
PARIS,
LIBRAIRIE DE CHARLES GOSSELIN,
RUE SAINT-GERMAIN-DES-PRÉS, 9.
M DCCC XXXV.

トクヴィル『アメリカのデモクラシー』初版（1835年）の扉

民主主義の考え方が広まってい

くとともに、民主政は治者と被治者の利害の一致を特徴とするのだから、統治権力から国民を保護する必要性はもはやない、という見方が出てきた。しかし、アメリカという実例が出現したことで、かえって問題点も目につくようになった。それは、トクヴィルが指摘したような多数の専制の危険性、つまり、民主政の下で集団として最強者となった多数派が、少数派を抑圧する危険性である。

もっとも、イギリスの場合は、統治者と被治者を別個のものとみなす習慣が依然として根強く残っている。国民の多くは、まだ、自分たちを被治者だと考えているため、自分たちが政府に抑圧されることへの警戒感が強い。そのため、政治権力を国民全般のものと考え、多数派がそれを使って自分たちの気に入らない個人や少数派を法的・政治的に抑圧するという傾向はまだ弱い。現在、イギリスで見られるのは、むしろ、すでに多数者の見解を反映するようになっている世論が社会的な強制力として働き、多数者の気に入らない少数者や個人を抑圧する傾向である。

多数の専制とエリート専制

以上、自由の維持という課題にかんするミルの歴史的概観を要約してみた。しかし、これだけでは、ミルの議論の真意や意図は、まだ十分には伝わらない。

何よりもまず注意が必要なのは、現代における自由の脅威としてミルが警戒しているのは、多数の専制だけではないということである。ミルが「自由の圧殺者」と呼んでいたコントのエリート専制や、カーライルの英雄崇拝のように、凡庸な大衆への対抗策としてエリートの専制的権力に頼ろうとする傾向も、同じように警戒すべきものだった。

多数者の凡庸化の傾向に批判的だったため、ミルは、エリート専制の提唱者たちと同類に見られがちである。しかし、エリートを重視することと、エリートに専制的な力を認めることとのあいだには、決定的な違いがある。ミルにとっては、高度な文明社会に特有の凡庸化の傾向ばかりでなく、それに対して説得ではなく力で対抗しようとする傾向も、自由に対する脅威であり警戒すべきものだった。

二つの脅威に共通する問題点

ミルは、二つの脅威の共通点に着目した。それは、多数の専制もエリートの専制も、社会による個人の自由への干渉を許容する基準が恣意的になっている点である。どちらの場合も、個別の事例ごとにそのときどきの支配者の都合や好き嫌いの感情に合わせた支配になったり、あるいは一般的なルールによる支配であっても、そのルールが支配者の感情や利害によって曲げられたりしている点が共通している。

たしかに、社会による個人への干渉のすべてを否定してしまったら、社会は成り立たない。とはいえ、干渉は社会を構成する人々の保護を目的とした妥当性のあるものでなければならない。その第一の要件は、どんな場合でも干渉が公平なルールの下に置かれていることである。

ところが、そのようなルールはまだ確立していない。これまでのところ、行為のルールは時代ごと社会ごとに異なっている。それぞれのルールは、政治的支配者の利害や感情で決められてきた。あるいは、神の興不興と称されるものに隷従する形で決められてきた。それを真の道徳と呼べるだろうか。たしかに、社会的な利害は広い範囲におよんでいて目につきやすいものだから、道徳的感情に結びつきやすい。しかし、そのような感情は、社会全般の利害そのものへの意識的配慮の結果ではない。社会的利害から生じてきた共感や反感の結果である。したがって、不十分で偏ったものにならざるをえない。

以上のような過去のルールの恣意性に対する批判は、「自由の保護」という見地からのものである。他方で、ミルはルールの恣意性が自由の抑圧ばかりでなく、誤った自由の主張につながることにも注意を向けている。つまり、社会の干渉が正当で必要な場合であるのに、自由を口実にして反対するような主張である。こういう点までをていねいにおさえていることが、ミルの自由擁護論の特徴の一つである。

自由原理の提示

ミルは、行為のルールにおける従来の恣意的性格への批判に続けて、恣意性を免れている原理を次のように提示している。

本書の目的は、社会が強制や統制というやり方で個人を扱うときに、用いる手段が法的刑罰という形での物理的な力であれ、世論という形での精神的な強制であれ、その扱いを無条件で決めることのできる原理として、一つの非常に単純な原理を主張することである。その原理とは、誰の行為の自由に対してであれ、個人あるいは集団として干渉する場合、その唯一正当な目的は自己防衛だということである。文明社会のどの成員に対してであれ、本人の意向に反して権力を行使しても正当でありうるのは、他の人々への危害を防止するという目的の場合だけである。身体面であれ精神面であれ、本人にとってよいことだから、というのは十分な正当化にはならない。そうした方が本人のためになるとか、本人をもっと幸福にするとか、他の人々の意見ではそうするのが賢明で正しいことですらあるといった理由で、本人を強制して一定の行為をさせたりさせなかったりすることは、正当ではありえない。これらの理由は、本人をいさめたり、道理を説いたり、説得したり、懇願したりする理由としては正当だが、本人を強制したり、言うとおりにしない場合に害悪を加える正当な理由にはならない。それを正当化するためには、制止したい行為が、他の誰かに危害を加えることを意図しているものでなければならない。この人が社会に従わなければならない唯一の行為領域は、他の人々にかかわる行為の領域である。本人だけにかかわる領域では、本人の独立は、当然のことながら絶対的である。個人は、自分自身に対しては、自分自身の身体と精神に対しては、主権者である。（二七－二八頁、傍点著者）

ミルはここで提示している原理を、「自由の原理（the principle of liberty）」という言葉で呼んでいる（ここで引用した部分には見られないが、『自由論』の原文全体の中に三箇所）。これは現代の道徳哲学や法哲学の議論では「危害原理」と呼ばれることもあるが、本書では、ミル自身の使っている言葉を短縮して「自由原理」と呼ぶことにする。

ミルはここで引用した一節の冒頭で、自由原理を「一つの非常に単純な原理」だと述べているが、後続するセンテンスに見てとれるように、いくつかの明示的な限定が加わっている。さらに、他にも暗黙の前提がいくつかあって、実際にはかなり複雑なものになっている。ここでは、自由原理に最初に加えられている限定に注目しよう。

文明社会の成人という限定

ミルは先の引用文で、自由原理は「文明社会のどの成人」にも適用されると明言している。裏返すと、未開社会の人々や、文明社会の未成年者は適用の対象外ということになる。基本的人権の普遍性といった現代の発想でミルの自由の主張を考えていると、ミルのこの限定を見落としがちになるので注意が必要である。

ミルは、社会と個人の発展を並列させて、共通する三つの段階に分類する。最初の段階は、かたや未開状態や奴隷状態、かたや幼児の段階である。この段階の人間は、少しでも目を離すとトラブルを起こすから、一般的なルールによって保護したり規律したりすることは不可能である。個々の場面で個々の指示を出すしかない。第二段階は、服従の習慣が身についた段階である。この段階になると、支配者や保護者の一般的指示に従えるようになる。まだ自己規律の能力や習慣は整っていないが、この段階で他律という形ではあれ、一般的ルールに従う経験を積み重ねることは、自主的に一般的ルールを定立しそれを守る自律の準備として欠かせない。

第三の段階が自律の段階である。ただし、自律と言っても、万人が高度な道徳的理想のレベルに到達しているということは想定されていない。この段階でも、他者の利益や権利への侵害は起こるから、社会的な抑制力やルールは欠かせない。とはいえ、規律はかなりの程度、内面化されているので、それに比例して社会的強制の必要性は低下する。この傾向は、文明化によって人々がたがいに共感したり協力したりする機会が増加するとともに、いっそう強化される。

要するに、自由原理の適用対象となる文明社会の成人とは、自己利益優先の傾向を持ちながらも、また、この傾向のために不正を働くことがありうるとしても、基本的には、自分の利益を保護してくれる社会的ルールに従う人間である。また、たいていの場合、良心に従って自己抑制するし、あるいは、思慮を働かせて衝動や目先の欲望を抑制して先々の自己利益を考慮に入れることのできる人間でもある。文明社会の成人として、ミルはこういうレベルの自律性をそなえた人間を想定している。言いかえれば、自由原理の適用をこのようなターゲットに限定している、ということである。

自由の価値を擁護する議論の必要性

自由原理の適用対象にかんするこのような限定には、実は、表面からは見えにくい困難が含まれている。文明社会の成人は、自己利益について、ある程度の合理的な判断能力を持っていると想定されている。社会全般の利益を保護するための社会的ルールを尊重することが各人の個人的利益につながることは、かなりの程度、理解されている。だとすれば、社会の干渉は社会全般や他の個人の利益を損ねる行為に限定されるという原則についても、ミルがわざわざ擁護の論陣を張る必要はないようにも見えてくる。

しかし、利益の意味や内容を掘り下げていくと、難問が現れてくる。他者の利益を害さないことが共通の利益だと論じるときに問題となるのは、何を自他の利益と考えるかである。物質的な利益や、あるいは精神的な利益の場合でも、名誉などのわかりやすい利益であれば、社会によって保護されるべき利益であることは誰もが同意するだろう。しかし、ミルが重要視している利益は、個人の自発性や知的・道徳的陶冶といった類のものである。社会の大方の人々にせよ、社会の改善をめざしているエリートにせよ、この価値に気づかなければ、あるいは軽視していれば、それを社会の干渉から守る必要性は実感できない。このような重要な利益に対する無感覚や無関心は、自分たちは自由原理を尊重しているという主観的な思い込みと難なく両立してしまうだろう。ミルは個人の自発性や陶冶の重要性を主題とした第三章で、次のように指摘している。

この原理を主張する際に出会う最大の困難は、認められている目的を前提にそれを実現する手段をどう正しく評価するかという点にあるのではなく、目的そのものに対して大方の人々が無関心だ、という点にある。個性の自由な発展が、幸福の主要な要素の一つであり、文明、知識、教育、陶冶といった言葉が意味するすべてのものと同格の要素であるばかりでなく、そうしたものに必要不可欠な部分であり条件でもあるということが、もし実感されていれば、自由が過小評価される危険はないだろうし、自由と社会による規制とのあいだの調整も、格別に困難なことにはならないだろう。

　しかし、厄介なことに、個人の自発性が固有の価値を持ち、それ自体として尊重に値するということが、ふつうの考え方ではほとんど認識されていないのである。

（一二七－一二八頁）


　ミルが、従来の行為のルールの恣意性を批判するとき、切実な同時代的課題として念頭に置いているのは、このような重要な価値が無視あるいは軽視されている事態である。ミルは、これが現代においては自由に対する最大の脅威だと考えているのである。

　自由原理を理論的に整え精緻なものに仕上げたとしても、それだけではこの脅威に対応できない。制度や原則が抽象論のレベルで受け容れられ、社会の中で外形的に確立していても、それだけでは達成できない自由がある。制度や原則を支える精神（心の習慣）がなければ、望まれている結果には到達できないとミルは考えている。

政治道徳への訴え

このような精神は、何もないところでいきなり獲得できるものではない。ある程度はすでに存在していなければならない。必要かつ可能なのは、それをさらに広がりのあるものにすることである。自由という問題にかんしても、自由を支えてきた精神にいっそうの広がりを持たせるのは望ましいことだ、と人々に実感してもらう必要がある。『自由論』第一章の末尾のパラグラフには、このような必要性を意識して議論を進めるという方針が、次のように明確に示されている。

一般的命題に直ちに入っていく代わりに、まずは、ここで示している原理が完全にではないにしても、ある程度は現在の世論によって認められている分野に論点を絞ることにする。その方が議論を進めるのに好都合だろう。その分野とは思想の自由である。この自由は、言論の自由や著作の自由という、同系統の自由と切り離せない。これらの自由は、かなりの程度、宗教的寛容と自由な制度を標榜《ひょうぼう》しているあらゆる国々で政治道徳の一部となっているものの、その理論的な根拠や実践的な根拠はいずれも、おそらく考えられてきたほどには国民全般に知られていないし、世論の指導者たちですら、その多くが十分には理解していない。これらの根拠は、正しく理解すれば、主題のこの分野〔思想の自由〕だけではなく、もっと広い範囲に適用できる。だから、問題をこの分野で徹底的に考察しておけば、残りの部分〔その他の個人的自由〕にとっての最善の導入となるだろう。そういうわけなので、私がこれから始めようとしている議論のどれにも目新しさを感じない読者がおられても、これまで三世紀にわたって頻繁に論じられてきた問題について、私があえてもう一つの議論を加えていることを許していただきたい。

（三七頁）

ここでは、原理を現実の中で支えている精神、つまり心の習慣は、「政治道徳」という言葉で表現されている。過去から現在に至るまで人々に支持されてきた政治道徳の理論的根拠を明確にする→それを原理として示す→その原理をまだ政治道徳がカバーしていない領域に適用することで原理の全面的実現を図る。これが、『自由論』でミルが採用した説得戦略だった。

II　思想と討論の自由

第二章のタイトル

『自由論』第二章のタイトルは、「思想と討論の自由」となっている。ミルが「思想の自由」だけでなく「討論の自由」をタイトルに加えている点について、最初に一言述べておこう。思考（思想）は、個人が一人きりで黙って行う限りでは、外部の抑圧の有無に関係なく、基本的に自由である。マインド・コントロールのような恐ろしい方法は別として、人が頭の中で考えることを権力がやめさせるのは不可能である。社会的な文脈で擁護が必要な自由は、自分の思想を声に出したり、他者の思想に対して意見を述べたりする自由である。「思想と討論の自由」というタイトルは、このように、思想の自由が個人の内面にかかわるばかりでなく、社会的・公共的な行為と切り離せない性質を持っている、というミルの考えを反映している。

自由の価値の評価基準

ミルは、すでに序論の中で、自分が自由を擁護する際には「効用」を究極の根拠とすると宣言していた。功利主義者ミルとしては当然の宣言だが、効用の意味を目先の狭い物質的な利益と受け止められるのを避けるために、ミルは、自分が根拠とする効用は最も広い意味の効用だと強調している。つまり、「進歩していく存在としての人間にとって永久に変わることのない利益を根拠とする効用」（三〇頁）である。

しかし、そのような広い意味での効用（利益・幸福）だとしても、さらに注意すべきところが残っている。ミルの念頭にあったのは、個人にとっての効用なのか、社会全般の公共的な効用なのかを見分けることの重要性である。さらに言うと、効用が両方にかかわる場合には、そのかかわり方も把握しておく必要がある。これらの点に注意を払わないと、それぞれの特定の議論の性格が理解できなくなってしまう。本章では、議論ごとにその点を確認することにしよう。ミルが考えている効用全体の構図は、『功利主義』を論じる本書第六章で取り上げることにする。

無謬性の想定

意見の自由な表明への抑圧がもたらす弊害としてミルがまず指摘するのは、人類全体から重要な利益が奪われるという点である。ここでの「利益」は、一人ひとりの個人にとっての利益も含むが、議論の中心は明らかに社会全般の利益に置かれている。ミルはこの観点から、議論を三つに分けて進めている。

第一に、沈黙させられる意見が真理を体現している場合である。正しい意見が示されなければ、誤った意見の是正という利益が失われる。これまで社会が極端な誤りにまでは陥らずに済んできたのは、人間に誤りを正すことができるという資質があったおかげである。この資質は「知的な存在であり道徳的な存在でもある人間において、尊敬に値するすべてのものの源泉となっている資質」に他ならない（四九頁）。意見表明への抑圧は、真理を抑え込むだけではなく、この貴重な資質が発揮される機会を奪う。抑圧の下で人間の道徳的な勇気がすべて犠牲にされ、支配的な意見に調子を合わせるだけの御都合主義がはびこることにもなる。それは偉大な思想家を生み出す障害になるばかりではない。前向きの積極的な知性があれば、誤りを正すという、「思考する人間の持つ尊厳へと多少なりとも高めてくれる」機会（七九頁）がふつうの人々にも開かれるが、その機会も奪われてしまう。

以上の議論では、自由の根拠として、真理それ自体の持つ公共的な価値とともに、人々の知性の望ましいあり方につながり社会全体が向上するという利点も示されている。

ミルによれば、自分の意見と異なる意見を誤りとして平然と抑圧できるのは、自分が間違うはずなどないという思い込みがあるためである。この「無謬《むびゅう》性の想定」について、ミルが暗黙の前提としている点を補足しておこう。無謬性を想定している当事者は、自分の無謬性を抽象的に想定しているのではない。その想定は、自分が正しいものとして信奉している具体的な信条と結びついている。さらに言えば、自分が置かれている社会的な立場の影響も強く受けることが多い。社会的に強い立場にあるとか、自分の背後には神の啓示があるといった信念のために、自分の言うことを他者に従わせる権力が自分にあるという感覚を持つようになると、その分だけ自我が肥大して、他人の意見にいっそう耳を傾けなくなる。この点は、後に示すミルの権力心理学の議論を見れば、さらにはっきりしてくるだろう。

生き生きとした確信の必要性

次に、第二のケースとしてあげられているのは、世間一般に受け容れられている意見が真理である一方で、抑え込まれる意見が明らかに誤っている場合である。この場合は言うまでもなく、誤っている意見を述べる自由の根拠を真理が持つ公共的な価値に置くことはできない。このケースでミルが着目しているのは、正しい意見を信奉している側の真理に対する確信のあり方である。正しい意見だったとしても、それを死んだドグマとして信奉するだけでは、「字面の上では真理を表している言葉にたまたま執着しているだけの、もう一つのたんなる迷信」（八二頁）になってしまう。こういう場合、信奉者は自分の信条を「理解という言葉の正しい意味で言えば、理解していない」（八六頁）。

これでは、強力な反論に直面したときに持ちこたえられない。反論を堂々とはね返せるのは、自分の意見を生き生きと確信していればこそであり、そうした確信を持てるのは、自分の意見の根拠を知っているときに限られる。自分の意見に向けられた反論が誤った認識にもとづくものだったとしても、その反論が熱心に力強く自分たちに挑戦してくるときには、相手の主張の根拠にまで深く立ち入って反撃する必要が出てくる。そうした経験は、自分の意見の根拠を確認させ、さらには、その弱点や改善すべき点を気づかせる重要なきっかけになる。これは、青年時代のミル自身が、ロンドン討論協会で身をもって知った点だった。

反対意見の不在がもたらす弊害は知的なものにとどまらない。倫理的信条や宗教的信条の場合には道徳的弊害も生じる。反対意見なしでは、信奉者は自分の信条の根拠についてばかりでなく、信条が何を意味しているのかについても、あやふやになってしまう。こうなると、自分の信条で自分の生活や行為を律することはできない。暗記された言葉だけが外皮として残るだけで、肝心の中身は失われている。特定の信条を打ち立て広めるために情熱的に闘っている草創期の人々は、自分たちの信条を生き生きと確信している。しかし、この闘いが勝利を収め、後続世代に受け継がれていくと、信条は形骸化し、その受け容れ方は能動的ではなく受動的になってしまう。ミルはその実例として、世間の反発を覚悟の上で、キリスト教の歴史に言及している。

部分的真理のあいだでの対立

第三のケースは、これまでの二つよりも、いっそうありがちなものとして取り上げられている。世間に受け容れられている支配的な意見が真理全体をカバーしていない部分的真理である一方で、抑圧される側の意見も、真理の別の一部を含んだ部分的真理にとどまっている場合である。

このケースで本当に必要なのは、一方の部分的真理を他方の部分的真理で補うことによって、真理全体を獲得すること、あるいは少なくとも、真理の全体に近づいていくことである。世間で受け容れられているキリスト教道徳の場合でも、古典古代の異教的道徳によって補完する必要がある。このような補完を可能とするために特に求められる配慮は、支配的な意見の側が、少数者として弱い立場にある人々の異端的な意見を封じ込めないことである。

ミルは他方で、部分的真理を含んだ異端的な意見が、挑戦相手の支配的意見を全面否定し、そこに含まれている部分的真理まで排除してしまいがちなことも認めている。これについて、ミルは次のように述べている。

度量の狭い人が熱心になるような真理は、どれも間違いなく、まるで他の真理が世界にはないかのようにして、あるいは、自分が信奉している真理を制限したり弱めたりできるものはどう考えてもありえないかのようにして、主張され教え込まれ、また、多様な形で実行に移されたりするものである。どんな意見でも党派的になるという傾向は、最も自由な討論をもってしても正されないし、むしろ、多くの場合、強められ悪化してしまうことは私も認める。目を向けておくべきだったのにそうしていなかった真理が、論敵とみなされている人物によって公言されると、それだけいっそうその真理を激しく拒否してしまうものである。

しかし、意見のこうした衝突によって有益な影響を受けるのは、気持ちが高ぶっている党派的な人ではなくて、冷静で公平無私な傍観者である。真理の部分どうしが激しく衝突することが、恐るべき害悪なのではない。恐るべき害悪は、真理の半分がひっそりと抑圧されることとである。（二一八頁）

ここに示されている党派性に対するミルの強い嫌悪感は、「精神の危機」以後の懐疑と模索の経験の中で生まれたものだった。自由な討論は党派性を緩和するどころか強化しかねないことをミルは認め、自由な討論を尊重するためには、それを防止するためのコストを払う必要があると指摘している。その上で、党派的対立の弊害にまさる恐るべき害悪は「真理の半分がひっそりと抑圧されること」だとミルは強調するのである。

公的討論の真の道徳

さらにミルは、意見の表明は自由だとしても、ある程度自制するモラルも必要だという見方にも反対する。ミルの考えでは、議論の限界を客観的に定めることはできない。「節度を超えている」「やりすぎだ」という判断は、それ自体が一つの意見であり、しかも、対立する意見に対する不快感に左右されるからである。

とはいえ、ミルから見ても、非難されても当然と言えるような不快な議論の仕方はある。「特に最悪なのは、詭弁《きべん》を使うこと、事実や論点を隠蔽すること、議論の要点をはぐらかすこと、あるいは、自分に反対する意見を歪曲《わいきょく》して述べることである」（一二一頁）。しかし、ミルの考えでは、このあまりにも多い事例をいちいち取り上げて、法律や世論によってやめさせることは不可能である。

他方で、強い立場から弱い立場へと一方的に向けられる非難も少なくない。誹謗《ひぼう》、当てこすり、個人攻撃など、節度を欠く態度が弱い立場の側に少しでも見えたときの激しい非難がそうである。非難に圧倒された少数者は、それ以上何もできなくなってしまう。この場合、節度はむしろ、優位にある支配的意見の側にいっそう強く求められるべきである。

以上の点をふまえた上で、ミルは一般的な結論として、次のようにまとめている。

> とはいえ、いずれの側を制止することも、法律や権力の仕事でないのは明らかである。どの場合にしても、世論が、個々の事例の事情を勘案して判断を下すべきである。その際、主張の仕方が不誠実だったり、悪意や排他性や不寛容が感情的に示されたりしている場合は、議論のどちらの側に味方する主張であっても、そうした主張をする人を非難すべきである。ただし、たとえ主張者のとっている立場がわれわれと反対であったとしても、このような悪徳の有無を主張者のそうした立場から推測してはならない。さらに、自分の論敵やその論敵の意見の実像を冷静に見て取り、それらを歪曲せずに述べ、誇張によって論敵の信用を失墜させようとしたりせず、論敵に有利になることや有利になる可能性のあることは何も隠したりしない人がいたら、その人がどんな意見の持ち主であっても、応分の名誉を与えるべきである。
>
> （一二四頁、傍点著者）

このようなモラルが、「公的討論の真の道徳」（同前）である。現状では守られていないことが多いとはいえ、守っている人や守ろうと努力している人も少なくない。これは喜ばしいことだと述べて、ミルはこの章を終えている。このようなモラルが曲がりなりにも存在するという事実は、次に取り上げる個人的な行為の自由をめぐる議論で援用されることになる。

III　個性と自由

真理と幸福

ミルは、『自由論』第三章の冒頭で、思想と討論の自由を取り上げた第二章の要点をあらためて示している。つまり、自分の意見を持ちそれを表明する自由が絶対的に必要なのは、この自由が守られなければ、人間の知的本性にも道徳的本性にも有害な結果がもたらされるからである。それに続けてミルは、次に取り上げる主題、つまり、自分の意見にもとづいて行動する自由も、「同じ理由によって」（一二六頁）正当化できるとして、次のように論じている。

人類が不完全なあいだは、異なった意見が存在することが有益である。それと同じように、生き方についても異なった試みが存在し、他人に危害がおよばない限りで性格の多様性に自由な余地が与えられ、自分で試みることがふさわしいと思うときには、異なった生き方の価値を実際に確かめてみることも有益である。要するに、当初から他人に影響がおよぶような物事でなければ、個性が自己主張するのが望ましい。本人の性格ではなく、伝統や他の人々の習慣が行為のルールになっている場合は、人間の幸福における主要な要素の一つであって個人と社会の進歩のまさに第一の構成要素でもあるものが欠けているのである。（一二七頁、傍点著者）

「人間の幸福における主要な要素の一つ」という表現の中の「人間」とは、文脈から判断して、自分に合った生き方を追求する個人を指していると理解してよいだろう。つまり、この章でミルが取り上げている「個人の行為の自由」を正当化するのは、一方で一人ひとりの個人の幸福、他方で「社会の進歩」という公共的価値である。

しかし、そうだとすると、本当に「同じ理由」による正当化と言えるのかという疑問が湧いてくる。「思想と討論の自由」の場合は、主に真理がもたらす公共的な価値で正当化されていた。真理に対して開かれた知性を個人が発展させる、ということも正当化の理由とされてはいたが、そうした発展を個人の幸福としてことさら強調する議論は見られなかった。ところが、第三章の冒頭では、思想と討論の自由への抑圧は、人間の知的本性と道徳的本性に有害な結果をもたらすという点を強調した上で、「個人的自由」全般への議論に移ろうとしている。ミルは「同じ理由」と言っているが、論点の微妙な移動が見られるのである。

『自由論』における自由擁護論は、すでに見たように、「自由原理」と「自由の価値の擁護論」という二つの柱から成り立っている。この観点からすると、ミルが最初に取り上げた思想と討論の自由（言論の自由を含む）は、実のところ多少特異なケースだと言える。

言論の自由は、暴動寸前の現場での扇動といった特殊な場合を除けば、他者に直接的に危害を与えるものではないと想定されている。だから、世の中に発信される言論でも、自己にかんする行為と他者にかんする行為という二分法では、自己にかんする行為に区分されている。しかし、討論や言論のテーマとしてミルが取り上げているのは、もっぱら、倫理や宗教といった社会的性格を持ったものである。つまり、こうしたテーマが公的な場で討論されるときの目的は、各自が真理だと信じる自説について、あるいは自分の意見以外のものは誤りだという主張について、自分以外の人々の賛同を得ることである。他者に危害を与えることは意図されていないとしても、他者にとって善になると本人が信じる見解を伝えるという形で、社会的な影響を与えることが意図されている。そういう意味では、意見の表明は、他者にかかわる行為である。

他方で、自分の個性に合った行為を選択する自由を正当化する理由として、ミルが何よりもまず強調しているのは、それぞれの個人に幸福をもたらすという点である。その上で、他者に危害を与えない領域での個人の自由は、社会の改善や向上にも貢献することもある、という理由が追加されている。

このような違いがあるにもかかわらず、ミルは思想と討論の自由という、かなりの程度すでに認められている自由を出発点にして、また、公的討論にかんするモラルがある程度成立していることを前提にして、そこに働いている原理とみなすことのできる自由原理を、個人の自由全般に拡張する説得戦略を採用した。そのため、一方の思想と討論の自由と、他方の個人的行為全般の自由とは、他者に危害を与えないという点では共通するものの、自由がもたらす積極的価値の強調点に違いが出る結果になったのである。

個性の社会的価値

しかし、ミルには、論理よりも説得を優先して進んで行かざるをえない大きな理由があった。個性や多様性の抑圧に対する強い危機感である。個人的行為の自由を擁護するために使えそうな言説を、ミルは総動員している。まず、思想と討論の自由にかんする既存の政治道徳に読者の注意を喚起する。個人の自由全般に論点が移ると、個性の自由な発現がそれぞれの個人の幸福にとって欠かせないことを全力で力説する。

個性にかんするミルの熱弁は、自分自身の経験に深く根ざした訴えだった。たとえば、「欲求や衝動が自分自身のものでない人は、性格を持っていない。蒸気機関が性格を持たないのと同じことである」（一三五頁）というセンテンスは、「精神の危機」当時に苦しんだ自己イメージへの痛々しい想いを反映している。切実な経験に根ざしていればこそ、ミルの議論には人を感動させる迫力がある。ときには、読む側をたじろがせるほどの激しい熱気を帯びることさえある。

それにもかかわらず、ミルはこの熱弁を終えると、それまでの議論の説得力がおよぶ範囲を次のように測った上で、さらに射程を広げるために、議論の方向を大きく転換する。

　しかし、明らかに、以上の考察では、説得を最も必要としている人々を説得するのに不十分だろう。そこで、〔自由によって〕発展を遂げた人々は、そうでない人々にとっても何かしら役立つところがある、ということをさらに示す必要がある。つまり、自由を願望しているわけではなく自分で自由を活用する気もない人々に対して、妨げられることなく自由を活用することを他の人々に許容すれば、目に見える何らかの形で報われる

ところがある、ということを指摘する必要がある。（一四三－一四四頁）

ミルはこのように宣言して、卓抜した才能を持つ個人の社会的な効用について論じ始める。この部分には、ミルのエリート主義が色濃く現れている。アメリカ社会に典型的に見られるとされる平等主義がもたらす凡庸化の傾向、個性や多様性の衰退、その結果としてもたらされる中国風の停滞状態を強調すればするほど、対照的に、知的道徳的にすぐれた少数の個人の重要性が際立つという書き方になっている。熱心な議論であるのは間違いない。エリート主義の是非についても、その程度も含めていろいろな見方がありうるだろう。しかし、それはそれとして、こういう書き方で、「説得を最も必要としている人々」を本当に説得できるとミルは考えていたのだろうか、という疑問が湧いてくる。

もっとも、卓越した個人の社会的効用を示す議論の中で、ミルがエリート以外の人々が持っている個性の価値に言及しているのも事実である。そこでは、慣習や世間の風潮にとらわれずに個性を自由に発展させることは、ふつうの個人にとっても有意義だという考えが示されている。「どんな人間に関してであれ、人間を一つのひな形とか少数のひな形とかに合わせて作り上げてよい、とする理由はない」（一五一頁）。各人の精神の発展のためには、それぞれの特性に応じた方法が必要だからである。

しかし、この指摘は、社会進歩への貢献という社会的価値というよりも、それぞれの人に合った幸福な生活という個人的価値にかんするものである。それは間違いなくミルの深い確信にもとづいた指摘だとはいえ、本来は、個性の自由が個人の幸福につながることを論じた部分、つまり、この第三章の前半部分に置かれるべき指摘である。それをミルがあえてこの位置で持ち出してきたのは、エリートの社会的効用の議論に傾きすぎないよう、あらためてバランスを戻すためだったように思われる。

この推測に付随する重要な点なので、筆者の個人的意見を一言つけ加えておきたい。大衆とエリートの対照性を強調する議論に傾きすぎることへの躊躇《ちゅうちょ》がミルにあったとすれば、それは今日においてわれわれが自由を考える際にも重要な意味がある、と筆者は考える。なぜなら、大衆が個性の価値に無理解だという見方には、単純化の危うさがともなっているからである。

大衆を批判する立場であれ、あるいは大衆の味方を標榜する立場であれ、多くの人々を文字通り物質的なマスとして扱うと、その中の一人ひとりの個人が見えなくなる。そのため、皮肉なことだが、大衆を画一的なものとして扱う見方そのものが、凡庸で画一的な見方になりかねない。社会を構成する一人ひとりの個人に目を向ければ、すべてが平均値という人間はいないだろう。ミル自身指摘しているように、人は誰でも、世間に通用しているひな形をはみ出してしまう何かを持っている。そのような個性や多様性が、凡庸さとともに同じ個人の中で並存している。そういう個人を、自他の自由を尊重する方向にエンパワーするためには、ミルが女性の自由を擁護したときのように、ふつうの人々が持っている人格的尊厳の感情に訴える必要があるだろう。

Ⅳ　自由原理の注意点

義務と自由

『自由論』第四章では、自由原理について注解がいくつか行われている。ここでは、そのうちの一つに絞って取り上げる。

注目したいのは、社会的な義務と自由原理との関係についての議論である。ミルがくり返し立ち戻るのは、特定の他者や社会全般に対して危害を加える行為と、それ以外の行為との区別である。危害を防止し、危害をもたらした行為者を処罰することは、社会の基本目的であり、この目的によって、ルールの制定や社会的強制が正当化される。

自由原理は、このような社会的強制にかんする原則の裏返しとなる。つまり、社会による強制が必要な行為（他者や社会全般に危害を与える行為）以外のすべての行為は、そのような強制を加えてはならない、という原則である。

しかし、社会的強制がおよばないからといって、個人の望ましい生き方にかかわる倫理が存在しないわけではない。ミルが重視したのは、そのような「個人倫理」と、他者への危害に対処する「社会道徳」とを混同せずに、はっきりと区別することだった。これについて、ミルは次のように明言している。

いわゆる自分自身に対する義務は、その義務が同時に、諸々《もろもろ》の事情によって他人に対する義務になっていなければ、社会的な義務ではない。自分自身に対する義務という言葉は、思慮分別以上の何かを意味する場合は、自己の尊重あるいは自己の向上を意味している。これらについては、誰も他の人々に対して責任を負ってはいない。なぜなら、そのいずれについても他の人々に対して責任を負わない方が、人間全般にとって有益だからである。（一七六頁）

社会的義務は課されていなくても、望ましくない行為が存在するのは事実である。傍観者の側から見て、主観的好悪とは別に、本人のために望ましくないと言わざるをえない行為はたしかに存在する。しかし、それに対する強制的な介入は許されない。

文明社会には、その成員をある程度、良心ばかりでなく思慮もそなえた成人となるように教育する義務がある。この点での社会の側の努力不足を個人に転嫁するのは許されない。文明社会の成人の場合、他者に危害を与えない当人の問題行為に対して許されているのは、助言、忠告、説得など、当人の思慮に訴える非強制的手段に限られる。そういう手段であれば、ふつうに考えられている礼儀作法の度合いを超えたものでも、もっと奨励されてよい（とミルは論じる）。また、そこまで親身になる必要のない相手の場合は、社会的処罰を意図するのではなく、不快を避けるだけのためであれば、当人から遠ざかることも許される。そのような処遇は、行為者の自由な選択が無思慮や自尊心の欠如を示す結果となったときに、行為者自身が引き受けるべき代価である。今日流に言えば、「自己責任」ということになるだろう。

V　自由原理にもとづかない自由

競争試験

ミルが『自由論』の最後の章となる第五章で取り組んでいるのは、自由原理を実際の適用例を示して注釈することである。ミルがここで意図していたのは、具体例を数多く列挙することではなかった。狙いはむしろ、特殊なケースを検討することで、自由原理の実際の適用のあり方を明確にすることだった。

その一つが、競争試験という事例である。これは自由原理で正当化されるケースではないが、社会的効用の見地から干渉を控えるべきものである。競争試験では、誰かが試験に合格すれば、それは他の誰かの不合格につながり、不合格者に失望や不利益をもたらす。しかし、競争試験は、すぐれた人を選抜するという形で社会全般の利益になっているので、社会的効用の見地から容認してよい、とミルは論じている。

個人間の同意

これとは逆に、本来は個人の自由の領域にあるものの、本人を保護するという利益のために、本人の自由な意志や選択が無効とされるケースもある。そういう事態は、個人間の同意(契約)において生じる。ミルは、婚姻の場合も含めて、個人間の同意について次のような見方を強調している。

第三者の権利を侵害する契約は誰に対しても拘束力がないが、それればかりではなく、当事者自身に危害を与えるような契約であれば、それだけで当事者がその契約を解除する十分な理由だとみなされる場合もある。たとえば、イギリスや他のほとんどの文明諸国では、自分自身を奴隷として売り渡す契約や、自分が奴隷として売られることを認める契約は、拘束力がなく無効であり、法律や世論によって強制されることはない。このような形で本人が自分自身の人生の境遇を自分の意思で処理していく権限を制限する根拠は明白であって、この極端な事例に非常にはっきりと示されている。（二二五頁）

自己責任を前提とする自己決定は原則だとしても、そこに例外や限界があることを、ミルはこのようにはっきりと指摘している。

誤った自由の主張

さらにミルは、付随する問題として、自由原理で正当化できない誤った自由の主張についても触れている。そうした事例の一つとして取り上げられているのは、義務教育への反対論である。自分の子どもの教育をどのようにするかはあくまで親の自由だという主張は、子どもに教育を与えない口実に使われがちである。しかし、国家が市民に一定程度の教育水準を要求するのは当然であり、子どもの教育は親に義務づける必要がある。親がその義務を怠るとき、あるいは経済的困窮などで義務を果たせない事情があるときは、国家による強制的な措置や、教育費用の肩代わりなどの方策を講ずるべきである。ただし、国家は、教育機関の運営や教育の内容については、直接に関与すべきではない。きちんとした教育機関の中から選択する自由を親に与えればそれで十分だ、とミルは論じている。

自由原理を根拠としない自由

次にミルは、二つ目の課題として、重要な自由として認めるべきだが、自由原理を正当化の根拠としない自由を論じている。具体例とされているのは、商取引の自由である。

商取引は、他者に大きな影響を与える行為である。危害をもたらすこともあり、本来的に他者に危害を与えることのない個人的行為とは区別する必要がある。「この原則の根拠は、本書で主張している個人の自由の原理と同程度に強固であるが、しかし、個人の自由の原理とは別のものである」(二二〇頁)。その根拠は、規制よりも放任の方が社会全般の利益につながるという、経済の世界での一般的な事実にある。他方で、社会全般の利益(効用)に反する場合、たとえば、混ぜ物で品質をごまかすとか、労働者を保護しない労働契約など、危害を取引相手にもたらす事例は、当然のことながら規制や処罰の対象になる。

ミルはさらに、商取引を含めたこの種の自由において当事者がつねに守るべきモラルについても、『自由論』の最初の章で次のように指摘している。

こうした理由のために責任を課されないときには、行為者本人の良心が、空席となった裁判官の席に着いて、外からの保護を受けられない他の人々の利益を保護すべきである。そして、この場合は、他の人々の裁きに対して責任を負わなくてもよいのだから、なおさら厳格に自分を裁くべきなのである。（三二頁）

今日でも、やましい行為や品性を欠いた行為をしておきながら、自分は法令違反はしていないと言い訳をする人間がいる。しかし、法的な規制がない場合やなくなった場合でも、自分を律するモラルをなおざりにしてはならないというのが、ミルの考え方だった。

政治の領域での自由

ミルは、最後に、地域分権や市民の政治参加の問題を取り上げている。ミルの考えでは、国民が地方自治を軽視する中央集権的な政府を支持し、万事を中央の行政機関に丸投げしてしまう気風が広がっている国の場合、国民は自由な国民とは言えない。

この議論の文脈でミルは、フランス国民について、皮肉とも受け取れるような描写をしている。当時、フランスでは国民の多くに軍務経験があった。フランス革命後、徴兵制度が採用されたからである。おかげで、人々は大衆的反乱が起こると、手際よく戦闘の指揮をとったり、作戦計画をたてたりすることができる。ミルはこれに続けて、このようなフランス国民との対比でアメリカ国民の特徴を次のように描き出している。

フランス人が軍事面を得意にしているのに対して、アメリカ人の場合は、あらゆる類いの非軍事的な仕事(civil business)を得意としている。アメリカ人を政府なしに放置しても、アメリカ人は誰でも、即座に政府を作ることができる。そして、政府の仕事にせよ、他のどんな社会的業務にせよ、十分な程度の知性と秩序と解決力で運営していくことができる。これこそ、あらゆる自由な国民のあるべき姿である。そして、こういうことができる国民は、間違いなく自由である。(二四六頁)

『自由論』の主題である「個人の自由にとっての脅威となる多数の専制や社会の画一化」と

いう点では、アメリカ社会はミルにとって憂慮すべき実例だった。しかし、そのような社会に暮らす人々が、ここでは、中央集権的な官僚制に寄りかからない「自由な国民」として賞賛されている。

この一節は、自由という問題に対するミルの視角が、個人的領域での自由に限定されていなかったことを示す重要な例である。余命を意識しながら最優先で取り組んだ『自由論』の最後の部分で、ミルはこのように、政治とかかわる意味での自由に言及した。それは、『自由論』で絞り込まれていた主題からは外れるとしても、ミルとしては、どうしても言い残しておきかった点だったのである。

幸いにも、『自由論』公刊後も、ミルは、著作活動を精力的に続けることができた。『自由論』公刊後すぐに着手した大著『代議制統治論』の中で、ミルは、「自由な国民」にふさわしい統治のあり方をあらためて取り上げることになる。

第五章　『代議制統治論』

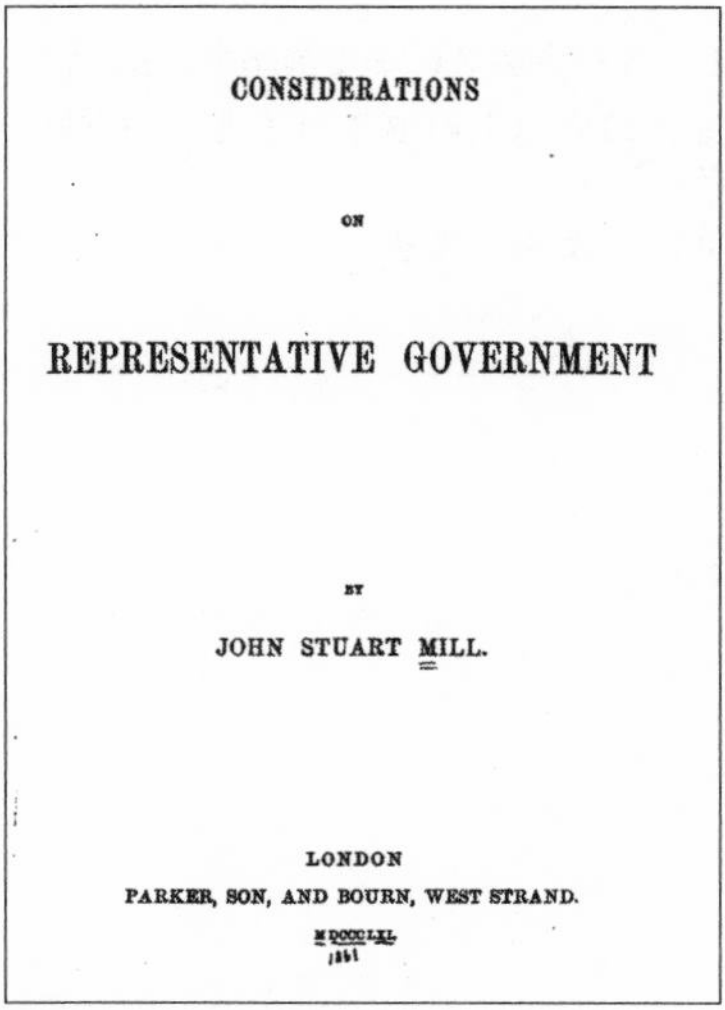
CONSIDERATIONS

ON

REPRESENTATIVE GOVERNMENT

BY

JOHN STUART MILL.

LONDON
PARKER, SON, AND BOURN, WEST STRAND.
MDCCCLXI.
1861

『代議制統治論』初版の扉

1832　第一次選挙法改正。選挙権の資本家層への一部拡大と、選挙区の見直しが行われた。

1854　アバディーン内閣の下で、議会改革の動きが再開。
『議会改革論考』の原稿を執筆。

1859　『議会改革論考』公刊。
ヘアによる比例代表制の提案に感銘を受け、強く支持するようになる。
「近年の議会改革論」でヘア式投票を詳しく紹介する。

1861　『代議制統治論』公刊。同第2版（普及版）もこの年に刊行された。

1865　『代議制統治論』第3版。

1867　第二次選挙法改正。労働者階級の一部にまで選挙権が拡大する。

1884　第三次選挙法改正。農村労働者にまで選挙権が拡大。

1918　第四次選挙法改正。21歳以上の成年男子と、30歳以上の女性に選挙権が認められる。

1928　第五次選挙法改正。男女平等の選挙権（21歳以上）が採用される。

『代議制統治論』は一八六一年四月に公刊された。全部で一八章からなる大著で、選挙制度や議会、中央の行政、地方自治、インド統治など、当時のイギリスの政治体制全般にかかわる多様なテーマが取り上げられている。また当時、南北戦争の開戦前夜にあったアメリカの連邦制度にかんする考察も加えられていた。選挙制度については、この本の刊行以前に書かれ発表されていた論考の一部をそのまま引用したところもあるが、多くは書き下ろしであり、執筆のスピードは驚くほど速かった。最愛の妻ハリエットを失った直後だったが、五〇歳を超えていたミルは、気力を振り絞って書き進めたのだろう。

『代議制統治論』は長大でテーマも多様であるため、章ごとに詳しく紹介することはできない。そこで、最初に、当時の政治状況をミルがどのように見ていたかを手短に確認した上で、共通性のあるいくつかの章をひとまとめにして全部で五つのセクションに整理し、それぞれにおいて特に重要と考えられる論点を示すことにする。

一八五〇年代の初頭は、本書第三章で見たように、ヨーロッパ規模で政治改革が挫折あるいは停滞した時期で、改革に期待を寄せていたミルにとっては、悲観的にならざるをえない状況だった。それでも、イギリスでは、一八五四年にアバディーン内閣の下で選挙権のいっそうの拡大を趣旨とする議会改革に向けた動きが見られるようになった。そこで、ミルは『議会改革論考』(一八五九年公刊)と題した小冊子の最初の原稿を書き上げた。しかし、一八三二年の選挙法改正前のような運動の高揚はなく、議会の民主化を求めるミルの急進主義的な立場からすれば中途半端に見える改革が、その生ぬるさを歓迎する人々によって静かに支持されているような状況だった。しかも、このような改革ですら、一八五五年にパーマストンが首相に就任し、クリミア戦争をはじめとする戦争と外交に主力が向けられる中で頓挫してしまう。そのため、この小冊子の刊行は棚上げになった。

改革の動きがあらためて本格的になってきたのは、一八五八年に保守党のダービー内閣が成立して以降のことである。後に保守党のリーダーとなる院内総務のディズレーリが選挙法改正案を下院に提出したものの、これが否決されるなどの出来事があった。こうして、議会改革は政治的争点として、あらためて世間に注目されるようになったのである。

しかし、ミルからすると、議会改革をめぐる二大政党の論争は、抜本的改革の是非をめぐるものではなく、たがいに相手の中途半端な改革案を潰しあうものでしかなかった。こうした状況について、ミルは『代議制統治論』の序言（ix－x頁）で、保守党と自由党のいずれも自分たちの政治的信条に自信をなくし、よりよい信条に向けた前進も示していないと指摘した。ミルは、「こういう場合は、誰であれ、自分自身の考えや他者の考えのうち最善と思われるものの中から、よりよい理論の形成に役立ちうる論点を取り上げても僭越《せんえつ》ではないだろう」と述べて自分の著書の意図と姿勢を示し、序言を締めくくっている。

I　政治理論の方法と目的

実践的政治理論のあり方

ミルは「よりよい理論の形成」という目的をめざして、自分がそれまでに行っていたさまざまな考察や提言を再論する前に、それらを一つにまとめ上げる理論的枠組みから議論を始めている。

ミルの政治にかんする理論的な議論に『代議制統治論』で初めて接したという場合は、この理論的枠組みについてのミルの説明は、かなり複雑でわかりにくいのではないかと思われる。しかし、ミルの思想形成の過程をたどってきた本書の読者であれば、ミルの過去の議論とここで提示されている理論的枠組みとのつながりが、はっきり見てとれるだろう。

統治形態の選択可能性をめぐる冒頭部分の議論の原点は、明らかに、マコーリーのジェイムズ・ミル批判をきっかけとして始まったミルの理論的模索が出発点となっている。最大多数の最大幸福を目的として、支配者の邪悪な利益追求を防止する仕組みを構想したベンサム主義の政治理論は、マコーリーが指摘したように、政治体制の安定化への視点を欠いていた。他方で、マコーリーに代表されるホイッグ派の立場は、微調整としての改革は受け容れつつ、あくまでも伝統的政治体制の保守を目的としていて、急進主義的な改革には反対していた。ミルは模索を進める中で、これら二つの立場を批判しながらも、それぞれに含まれる部分的真理は取り入れて総合するという進路を選んだ。ベンサム主義の幾何学的演繹法と伝統派の経験至上主義の双方に対するミルの方法論的な批判や、社会動学、社会静学、国民性格学の構想は、この選択の延長線上にあった。

もう一つ思い出されるのは、実践的技術（アート）と、事実認識の理論としての科学（サイエンス）とのあいだの関係について、ミルが到達していた見方である。この見方は、現実を制約している因果関係を科学的に把握しながら、宿命論に陥ることなく、そうした制約の中での人間の意志の自由や選択の可能性を認めるという認識を前提にしていた。この認識は、「精神の危機」後の混迷状態の中で行われたミルの苦闘の成果だった。

『代議制統治論』は、これらの基盤形成の成果を理論的な枠組みに組み上げ、その枠組みの中で、政治や社会にかんしてミルが行ってきた具体的な知見や実践的な提言を総合したものだった。ミルが示そうとしたのは、政治のアートだった。それはつまり、人間の意志と選択の自由を前提に、望ましい目的を設定した上で、その実現を制約する要因（あるいは可能にする要因）についての科学的探究によって目的実現の方策を提示するものであった。規範的な抽象的議論だけにとどまらない実践的政治理論である。そうしたアートとしてミルが提示している政治理論の特徴は、マキャヴェッリの「運命とヴィルトゥ（人間の主体的能力）」との関係をめぐる議論（洪水を起こす河とそれを防ぐための堤防の構築）を彷彿《ほうふつ》とさせるような、次の一節によく表れている。

> われわれは川を逆流させられないが、しかしだからといって、水車は「作られるものではなく、成長するものである」とも言わない。機械装置の場合と同様に政治においても、機構を動かし続ける力は、機構の外部に探し求めなければならない。そうした力が手近にない場合や、合理的に予測される障害を克服するのに不十分な場合、仕組みは動かない。これは何も政治の技術（political art）に特有のことではなく、政治の技術が他のあらゆる技術と同様の限界や条件の支配下にある、と言っているだけのことである。
> （一一頁、傍点原著）

とはいえ、目的の設定が適切になされなければ、実践的技術も機能しようがない。次にその点に目を向けよう。

統治形態の評価基準

ミルの考えでは、政治のアートの目的として何がふさわしいのかという問いは、統治形態の評価基準に結びついている。功利主義者であるミルにとって、統治の善し悪しを評価する究極の基準は、言うまでもなく効用、つまり、社会全般の利益である。しかし、ミルによれば、この基準はあまりにも漠然としていて実用性に乏しい。社会全般の利益を構成要素に分けて、要素ごとの達成条件を取り出し、それらが満たされているかどうかを判断できれば好都合である。統治の実践的理論の目的は、それらの条件の達成という形で設定できるだろう。

ミルによれば、このアプローチはまだ開発途上である。コントの「進歩と秩序」、コールリッジの「進歩と持続」といった二分法は、初発段階の貴重な試みだったが、厳密さの点でまだ不完全である。なぜなら、進歩も秩序も、人々の資質という点から見ると重なり合っているからである。両者の違いは、進歩の方が秩序よりも同じ資質のいっそう高い達成レベルを必要とするという量的な違いでしかない。進歩を重視する立場への批判として、進歩は既存の大切な価値を犠牲にせざるをえないという指摘もあるが、これも不正確である。何かを犠牲にして得られる利益が犠牲を上回らなければ、それは進歩とは言えない。犠牲を上回る利益が得られれば、やがてそこに秩序が生まれるだろう。

ただし、このように、概念的には進歩は秩序を包摂していると言えても、進歩はよい統治の基準としてはまだ不十分である。また、後退したり劣化したりする傾向のある物事の場合には、そうした傾向を阻止する必要もあるが、進歩という言葉ではそのことが伝わりにくい。

二つの基準

そこでミルは、進歩や秩序の要因となる人間の資質に注目する。よい統治の基準は、そうした人間の資質との関連で引き出すことができる。その基準は二つある。

第一に、政治制度が、社会を構成する人々の資質を向上させているかどうかという基準である。なぜなら、人々の知的資質、道徳的資質、活動的資質が高いレベルにあることは、政治制度が良好に機能する必須の条件だからである。ミルの表現の仕方で言い直せば、政治制度そのものが国民教育の役割を果たせるようになっている必要がある。一時的にはうまく機能しているように見える制度でも、先々、国民の資質の劣化をもたらしてしまうものだったら、すぐれた制度とは言えない。

第二の基準は、ミルによれば「機構それ自体の質」(二九頁)である。わかりやすく言い直すと、政治制度そのものの出来不出来である。制度が不出来だと、すぐれた資質があっても使いこなせない。存在している資質を最大限活用できる制度であることが望ましい。ミルはこの基準を、政治制度の「組織化の完成度」(三一頁)とも言いかえている。ミルは、こうした質や完成度に二重の意味を与えている。つまり、機能的な制度は、①制度が正義にかなった公正な仕組みであり、②そうした公正な仕組みをできるだけ少ないコストで効率的に機能させている、ということである。

ミルによれば、国民の資質向上と機構の質というこれら二つの基準は、実践的な思考の筋道を立てるためには別々に扱うべきだが、二つはまったく無関係というわけではない。公正さや効率性という点で機能低下している制度が多ければ、制度全般に対する国民の信頼感を損ねることによって、国民性にまで悪い影響を与えるからである。

基準を満たす理想的統治形態

政治のアートの目的を設定する作業は、これら二つの基準に照らして統治形態のいくつかの候補から一つを選択することで完了する。後述するように、選択された統治形態の存続には一定の条件を満たす必要があるが、ミルによれば、それとは別に、最初の目的設定の段階で考慮に入れておくべき条件もある。理想的な統治によって人間本性を少しずつ改善することくらいは期待してよいとしても、人間本性の現状を即時全面的に変えなければ実現不可能なものを理想的な統治の目的にすることはできない。したがって、人間が完全に非利己的になることを不可欠の前提にしているような制度構想（たとえば共産主義や無政府主義の体制）を選択肢に含めるのは、非現実的で無意味である。

この条件をふまえて、ミルが理想的な統治形態として提示するのが、代議制統治である。ミルは次のように述べている。

> 理想の上での最善の統治形態を示すのは難しくない。それは、主権あるいは最終的な最高統制権力が社会全体に付与され、また、市民がその究極の主権の行使に発言できるばかりでなく、地方や国の公的な役割を自ら直接に果たすことで統治体制に実際に参加するよう少なくとも時折は求められる、そうした統治形態である。（五〇頁）

この形態の統治は、「全面的に民主政的な統治体制」（同前）と呼べるものである。ミルは、このような統治と、それ以上にすぐれた統治だと主張されがちな絶対的支配者の統治とを対比し、代議制統治の長所を際立たせ強調している。

政治における自由の価値

ミルは代議制統治を、しばしば、「自由な統治（free government）」と言いかえているが、実際、絶対的支配者の統治に対する代議制統治の決定的な優位を説くミルの議論は、自由を中軸にして展開されている。

ミルはまず、機構の質という第二の基準から、代議制統治のすぐれた点を二つ示している。すぐれた点の一つ目は、公正や正義が確保されることである。各人の権利や利益の最善の守り手は本人である。各人の権利や利益は、たとえ悪意からの他者による侵害がなかったとしても、それらに対する配慮という点で、本人以上のものは他者に期待できない。各人の利益や権利を保護するためには、権力者の善意や配慮を待つのではなく、当事者自身が保護を求める声を自由に出せる仕組みが必要である。そういう仕組みこそ、自由な統治に他ならない。

機構の質という基準から見て代議制統治のもう一つのすぐれた点は、人々の生活の持続的な改善が、干渉で妨げられずに自発的に進むことである。人々が思い思いに自由な創意工夫を試みる機会が与えられることによって、社会全般の繁栄が促進される。この点でも、自由な統治は、社会を構成する人々の既存の資質がフルに発揮できる仕組みになっている。

人々の資質をいっそう向上させるという第一の基準にかんしても、代議制統治の体制は非常にすぐれている。代議制の下での人々の政治参加は、人々の知性と道徳的な感受性の対象を、狭い個人的領域から社会全般へと拡大し、公共的な見地から行動する機会となる。人々の資質の向上というテーマは、結局のところ、人間の能動的な性格と受動的な性格のどちらを伸ばすことが望ましいかという「非常に根源的な問題」(五五頁) に帰着する。

ミルによれば、知性面での資質や行動面での資質にかんしては、即座に優劣の判断ができる。能動的な性格が優越していることははっきりしている。自他の利益のために積極的に努力する進取の気性は、思索の場面でも生活改善の場面でも実のある成果をもたらす。さらに、重要なのは道徳面での資質である。能動的な人間は、同類の人々の努力に好感を持つ。他方、受動的な人間には、他者の成功を妬みや悪意を持って見る傾向がある。これはたんなる個人的な欠陥ではなく、社会を蝕《むしば》む道徳的な悪徳であり、反社会的な傾向である。人生における成功を、努力ではなく運命や偶然の結果だと信じている国民は、妬み深い性格を持つ。こういう性格は専制政治で生み出される。

イギリスやアメリカの奮闘し前進する国民性は、努力の対象が物質的利益に向けられているために浅薄だと批判されがちである。実際、ミル自身、そうした傾向を凡庸化や画一化の傾向につながるものとして批判的に見ている一面がある。それにもかかわらず、彼らの能動的性格は、人類にとっての改善のよりどころだとして、ミルは次のように論じている。

鋭い指摘として言われてきたことだが、物事がうまくいかないとき、いつでも習慣的に言いたくなるのは、フランス人ならば「我慢が必要だ」であり、イギリス人ならば「何たる恥だ」である。物事がうまくいかないとき恥だと思う国民、害悪は防止できたし防止すべきだったという結論に突き進む国民は、長期的に見れば、世界をよりよくするのに最も貢献する国民である。（六〇頁）

フランス人やイギリス人に対するこれらの見方について、言われた側が賛同するかどうかはともかくとして、ここでの要点は、自由な統治が能動的な性格をもたらすという観察である。逆に、少数者が統治する体制では、受動的な性格が好まれ奨励される。自然の避けられない物事と同じように、支配者の命令に黙って従うことが求められる。命令に反発する人への積極的な抑圧がなかったとしても、支配権力の存在そのものが反発を挫いてしまう。「努力に水を差すには、積極的妨害よりも、努力の無意味さが確実なことの方が効果的である」（六一頁）。「性格に対して活気を与えるという自由の効果の最大値が得られるのは、当人が他者と同様に十分な特権を持つ市民として振る舞っているときか、そうなることを期待しているときだけである」（六二頁）。

引用したこれらのセンテンスは、「精神の危機」の中で、ミルが自立した人格への願望を持ちながら絶望に陥っていたことを思い出させる。『代議制統治論』のこの部分は、『自由論』と同様、自由やそれと不可分の尊厳の感覚に対するミルの強い想いや、その根底にある熱いマグマから発している感情が垣間見《かいまみ》られるところである。

重要な点としてここで指摘しておきたいのは、『代議制統治論』で扱われている自由が、他者に危害を与えない個人的行為の自由に限定されず、他者に利益や好ましい影響を与える能動的な行為までカバーしている事実である。二〇世紀後半の哲学的考察では、個人的領域での消極的自由と、社会性を帯びた積極的自由とを峻別《しゅんべつ》する議論や、消極的自由だけを正しい意味での自由だとみなす議論が盛んだった。しかし、ミルは、こうした概念枠組みにまったくとらわれていない。自由にかんするミルの思想全体の中で、『代議制統治論』のこの部分は、『自由論』と同程度に重要で欠かせないものだったのである。

代議制統治を可能とする条件

統治形態の選択に続く政治のアートの作業は、科学的知見（原因と結果にかんする因果法則の認識）を活用して目的を実現するための手段や条件を探究することである。ミルは、政治体制の存続条件について以前に行っていた社会静学的な考察を適用して、また、一八四八年のフランス二月革命の挫折という直近の具体例を念頭に置きながら、代議制統治の導入が可能となる条件として、まず三つを提示し、その後でもう一つを追加している。

第一の条件は、国民が代議制統治を受け容れていること、あるいは少なくとも嫌っていいないことである。これが実質的に問題となるのは、啓蒙《けいもう》的な支配者、あるいは当事国の支配権を獲得した外国が、この統治形態を導入する場合である。そういう例外を別とすれば、代議制統治はふつう、大半の国民の支持によって導入されるので、この第一の条件の達成にかんして特段の問題は生じない。

第二の条件は、自由な統治であるこの統治形態を、国民が十分に価値あるものとみなし、愛着を持っていることである。執行部の政府権力の担い手を監視し制御する機関、つまり議会が、国民の意見や感情によって力強く支えられていないと、政府は議会の意向を無視するようになる。国民による支えがなければ、政府の長が代議政治の統治体制を力で転覆することは容易である。ミルは明らかに、ルイ・ボナパルトのクーデターというフランスの経験を念頭に置いて、この指摘を行っている。

第三の条件は、国民が、自ら果たす必要のある役割にかんして意欲や能力を持っていることである。この条件が満たされない状態を、ミルは次のように描写している。

世論形成に欠くことのできない関心、つまり、国家の一般的問題への一定程度の関心を誰も感じていないか、あるいはほんの一握りの人たちしか感じていないときは、選挙人たちは、自分たちの私的利益や地元利益や支持者あるいは依存者として結びついている誰かの利益に役立てるためにしか、選挙の権利を利用しない。社会全般の感情がこのような状態で、小規模な集団が代表機関を牛耳ると、たいていは、自分たちの立身出世の手段として利用するだけになる。執行部が弱体であれば、たんなる官職あさりの争いで国が混乱する。強力な場合は、代議士たちや厄介を引き起こせる連中に利権を分けてやって懐柔するという安上がりの代価で、執行部は専制的支配者になる。（六七頁）

いつの時代のどこの国の話かと思わせる現実的な描写だが、ミルが念頭に置いているのは主に当時のラテンアメリカ諸国である。

ミルは、以上の三つの条件の他に、代議制統治に国民を完全に不適合にしてしまうのではないが、そのメリットを著しく減殺する国民性に言及している。それは、権力や支配に対する姿勢に見られる二つの傾向とかかわっている。マキャヴェッリは、ローマ共和国の有力者と平民とでは、自由を求める姿勢に対極的な違いがあると指摘していたが、それとよく似た指摘をミルは行っている。つまり、一方は自分たちに対する権力行使を嫌う傾向であり、他方は他者に対して自分たちが権力行使することを望む傾向である。どちらも、自由を求めるという点で表面的には似ているが、方向が正反対である。

他者支配を望む傾向のある国民は、たとえ自分が権力を持っていなくても、強力な権力者と自分を同一視し、反抗する人間に対する抑圧や、自国による他国の支配を歓迎する。国民への過剰な干渉を控え、国民の自由な創意工夫に委ねる政府は、こうした国民の好みには合わない。また、他者支配志向の国民は、わずかばかりの権力であっても、それが自分たちに開かれていればそれに殺到する。人々は実業家になるよりも、役人になることを望む。ミルはさらに次のように続けている。

この国民の場合、政治の方向性は主に官職あさりによって決まる。平等だけが配慮され、自由は配慮されない。政党間の争いは、万事に干渉する権力がどの階級の所有物になるのかを決める闘争にすぎず、おそらくは、公的人物の派閥のうちのどの派閥の所有物になるのかを決めるだけのことである。民主政をどう考えるかと言えば、少数者ではなく万人に官職を開いておく、ということにすぎない。制度が民主政的になればなるほど、より多くの官職が作り出され、万人による各人に対する過剰統治と執行部による万人に対する過剰統治とがいっそう巨大怪物化するのである。（七七頁）

ミルは、この描写をフランス国民にそのまま当てはめるのは適切でないとしながらも、多少なりともそうした傾向があったことが、ボナパルトの権力掌握を導いた原因であると指摘していろ。そして、これとの対比で、ミルは「イギリス国民を代議制統治にとりわけ適合させている性格上の特徴は、ほとんど全員がこれとはまったく逆の特性を持っているということである」（七八頁）と述べて、この追加条件について、イギリス国民に合格印を押している。

イギリスはすでに代議制の統治体制である

実際のところ、ミルはイギリス国民に対して、国民に権力志向がないという点に限らず、その他の三条件も含めたすべての条件について、事実上、適合の判定を下す議論を続けている。それは、イギリスの現在の国制は、すでに代議制の統治体制になっている、という議論である。

イギリス国制は、成文憲法ではなく歴史的に積み上げられた不文律にもとづいた国制である。ミルはこの不文律を「実定的な政治道徳」（八一頁）と呼んでいる。イギリスの現在の政治道徳は国制の民衆的な部分（庶民院）に実質的な最高権力を与えており、それを無視すれば、安定性というイギリス国制の特長は失われてしまう。それにもかかわらず、国制の三部分（国王、貴族院、庶民院）の抑制均衡という伝統的な外観は残り続けている。その理由をミルがどう考えていたかは「イギリス国制の場合は、形式と内実の両面で新しい仕組みを導入するのはかなり困難だが、既存の形式や伝統に合わせて新しい目的を達成することに対しては、比較的わずかな反発しか生じない」（九三頁）という指摘に示されている。

実際、既成事実を前提とした、なし崩しとでも言うべき対応策は、イギリス政治の得意技だった。中流階級の力の増大に合わせた一八三二年の選挙法改正をこれで終わり《ファイナル》だと言っていた自由党（ホイッグ）の政治家たちは、三〇年後に実現する第二次の選挙法改正に向けてすでに動き出していた。また、一八三六年に支持基盤の地主利益に抵触する穀物法廃止（穀物の輸入自由化）に踏み切っていた保守党（トーリー）も、自由党に対抗する選挙法改正案を提出していた。

ミルは、これらは不可逆的な流れの中の出来事だと判断して、イギリス国制は実質的に代議制の統治体制になっていると指摘したのだった。以前から自由な統治として受け容れられていた体制は、選挙資格のさらなる拡大という課題は残っているものの、「言葉の正確な意味で代議制統治」であり（八二頁）、「民主政的な統治体制」（五〇頁）とすら言いかえてもよいものになっている、というわけである。

結局、どんな選択肢なのか？

しかし、すでに代議制統治になっているのだとしたら、統治形態の選択にかんするミルの当初の議論はどう考えたらよいのだろうか。人為によってであれ、成り行きによってであれ、ともかくも理想的な統治体制がすでに獲得されているのであれば、もはや選択の必要も余地もないことにならないだろうか。

しかし、ミルは別の観点から選択肢を考えていた。ミルの視線は、劇的な体制選択ではなく、代議制統治の今後の方向に向けられていた。一方には、『代議制統治論』の中で取り上げられている個々の提言を実現して代議制統治の趣旨を具体的な形で実質化していく、という選択肢がある。もう一つの選択肢は、その裏返し、つまり成り行き任せの無為無策や目的のはっきりしない場当たり的な対応ということになる。それはいわば、自覚的な選択をしないという選択であり、代議制統治の劣化や空洞化につながる方向に他ならなかった。

II 議会のあり方

業務の遂行と統制の区別

議会制度に限らず、選挙資格、議員の役割、執行部の役割など、代議制統治のさまざまな制度のあり方やその運用の仕方にかんして、ミルは主軸となる実践上の原則を定めて議論や提言を行っている。その原則とは、実際の業務遂行とそれを監視して統制する仕事とを明確に区別する、というものである。ミルは次のように述べている。

統治業務の統制と実際の業務遂行との間には、根本的な違いがある。個人や集団が万事を統制することは可能かもしれないが、しかし、その同じ個人や集団が万事を行うのはおよそ不可能である。しかも、万事に対する統制は多くの場合、自分で直接に業務を担当しなければしないほど、完全となる。……集団でなければできない仕事もあれば、集団ではうまくできない仕事もある。というわけで、民主政的な議会が何を統制すべきかは、その議会自体が何をすべきかとは別問題である。（八二－八三頁）

ここでの議論は、実効性のある原則は、実際にそれに即した動き方をしないと物事がうまくいかないという経験の積み重ねから生じる、という基本に立ち返って行われている。たんに、法律に書かれているからとか理想として望ましいからといった議論ではない。

職務の遂行と統制の区別という実践的原則を議会のあり方に適用することによって、ミルは、議会の本来の業務は統治全般の統制であり、行政の個々具体的な実務への介入は控えるべきだ、という基本指針を示している。この基本指針に従えば、予算や税にかんする提案、さらに各省庁の大臣の任命は、議会に責任を負う行政の長（首相）の権限ということになる。議会の役割は提出された案の可否を決議することである。さらに究極的には、議会本来の役割である統制は、行政の長である首相の信任や不信任を決議するところに凝縮されている。他方、閣僚も担当省庁との関係という局面で、業務の統制と遂行の区別という原則に従うべきである。ミルは、この原則がわかっていなかった具体例として、今日でもよく見られる光景を描いている。業務の慣行を知らない不勉強な新任の大臣が、思いつきで業務の細目に口出しして失敗する例である。

人並み以上の能力があるのに、新規担当の省庁での初顔合わせで部下たちの失笑をかった公人を、大臣のことだが、私は何人か知っている。誰もがおそらく最初に思いつきそうだが、仕事を始めればすぐに放棄されるような思いつきを、自分が発見した前代未聞の真理といった調子で公言したために、失笑をかったのである。たしかに偉大な政治家は、慣行にいつ従うべきかばかりでなく、慣行をいつ破るべきかも知っている。しかし、伝統を知らない方が慣行を上手に破れる、と考えるのは大間違いである。共通の経験が是としている行動様式を知り尽くしていない人は、通常の行動様式から離れる必要が生

じる状況を見分けられない。（八五頁）

ただし、ここでミルは慣行の墨守や官僚の優位を説いているのではない。「偉大な政治家」のなすべきことははっきりと述べられている。

議会の本来的役割である立法の仕事にかんしても、ミルは、「業務の遂行」と「統制の区別」という原則を適用している。ミルによれば、イギリスの議会は、「立法の目的にまったく不適合である」（九〇頁）。法案作成の経験も法案に関連する専門知識もない議員が思いつきで質問や修正の動議をくり返し、法案成立が遅れる。何とか成立までこぎ着けたとしても、いじり回されたあげくの惨憺《さんたん》たる代物になっている。こうした事態を是正するために、ミルは、専門家で構成される立法委員会の設立を提言している。この委員会の権限は法案の作成と提出に限定される。議会には、法案を承認するか立法委員会に差し戻すかを決定する権限が残される。この権限があれば、専門家が見失いがちな社会全般の知見の水準や常識を法律に反映させるのに十分である。

きちんと統制のできる代表者議会（庶民院）があれば、「国民の自由の保障として不足はない」（九五頁）。しかも、この議会は、国民の苦情や社会のさまざまな意見を伝達する機関でもある。議会（Parliament）は行動せずに、フランス語で言うところの parler だけ、つまり、文字通りおしゃべりをするだけの場だと揶揄されることがあるが、ミルの考えでは、おしゃべりは議会の本来業務である。それを通じて、国民各層の多様な感情や意見を議会内の他の政治家たちに伝え、さらに国全体にまで届けることになるからである。

制度の消極的欠陥

統治体制の欠陥については、ミルは消極的《ネガティブ》欠陥と積極的《ポジティブ》欠陥の二種類があると考えている。前者は本来すべきことをしないという欠陥であり、後者は本来すべきでないことをしてしまう欠陥である。

消極的欠陥とは、具体的には、統治機構の機能不全のことである。制度が非効率で実効的でない状態や、国民の資質向上という機能が働いていない状態である。ミルは、この消極的欠陥の観点から、代議制の統治体制と官僚制とを対比して、それぞれの長短を評価している。

官僚制の強みは、ミルによれば、長い継続的な経験の中で十分な試行や思慮を経た行動原則ができあがっていて、それが実務担当者にとって適切な導きになっているところにある。しかし、その反面、ルーティン化が進んで仕事の活力が失われるという欠陥もある。前例を踏襲し続け独創的な人材を潰してしまう。官僚制の「訓練された凡庸という妨害的精神」(一〇六頁)を打破するには、民主政的な政治の圧力が必要である。サー・ローランド・ヒルによる郵便制度の確立は、その好例である。とはいえ、担当部署の実情を何も知らない不勉強な政治家では、官僚制に新風を送るどころか、混乱の要因にしかならない。

このように、官僚制にも代議制統治にも、それぞれに長短がある。必要なのはたがいに補うことであるとして、ミルは、実践上の準則に言及する。それは、先の事例に限らず、さまざまな実務上の課題にかんする提言において、ミルがつねに念頭に置いていた「中庸」の準則である。それは事を荒立てないために足して二で割るといった消極的なものではけっしてなく、向上をめざす前向きの姿勢での中庸である。

人間生活の万事において、対立しあう影響力は自らの固有の有用性のためにも、対立する相手の生き生きとした活力を保つ必要がある。よい目的であっても、並存すべき別の目的をなおざりにしてそれだけを追求すると、最終的には、一方が過剰で他方が不足するばかりでなく、ひたすら重視してきたものまでが衰退し消滅してしまう。

（一〇六－一〇七頁）

代議制統治を導入できるまでに成熟している国民の場合は、もちろん、この統治体制を選択してよいし、選択すべきである。しかし、このことを大前提としながらも、官僚制が持っている長所を活かして、統治の効率や実効性を確保することも必要である。

制度の積極的欠陥

統治体制における積極的欠陥がもたらす弊害としてミルが注目するのは、統治権力による邪悪な利益(シニスター・インタレスト)の追求である。これは、ミルにとって、ベンサム主義に傾倒して以来のなじみ深いテーマだった。しかし、この問題は民主政的な統治では原理的に生じないという見方は、『自由論』の冒頭でも示されていたように、すでにミルははっきりと放棄していた。権力を持つ人間は誰であれ、邪悪な利益を追求する傾向を持っている。日常のふつうのふるまいでは良識や思慮を示していた人であっても、権力を持つと人が変わったようになる。

……自分が他者と共有している利益よりも自分の利己的利益を優先する性向と、自分の利益のうちで間接的な遠い将来の利益よりも目先の直接的利益を優先する性向という、今問題としている二つの邪悪な性向は、何にもまして特に権力を持つことで引き起こされ助長される特徴である。一人の個人でも一つの階級でも、権力を手にすると、その人の個人的利益やその階級だけの利益が、本人たちの目から見てまったく新たな重要度を帯びてくる。他人が自分を礼賛してくれるのを目にすることで、本人も自らの礼賛者となり、自分は他人の百倍も価値あるものと見られて当然だと思うようになる。その一方で、結果を気にせずに好きなようにする手段が容易に得られるようになるために、結果を予測する習慣が、自分にまで影響が及んでくる結果に関してすらも、知らず知らずのうちに弱まっていく。これが、人は権力によって堕落するという、普遍的経験にもとづいた普遍的な格言の意味である。（一一四 - 一一五頁）

「権力は腐敗する」という格言は、耳にする機会が多いものであろう。しかし、なぜ腐敗するのか、腐敗をもたらす心理はどんなものか、というところにまで踏み込んだ議論はほとんどない。そのため批判の対象にこの格言を適用しても、批判している当事者にも同様の可能性があることにはなかなか思い至らない。しかし、自由を情熱的に求め抑圧に強く反発するミルは、そうであればこそ冷静に、権力を持つことの普遍的な心理的影響について鋭利な観察を行っている。

ミルが示している権力心理学とでも言うべきものは、すべての人間に厳格に適用される。少数の支配者ばかりでなく、ふつうの市民も適用の対象である。普遍的だから、思想的立場とか、抑圧された経験がある、といった事情とも無関係だと言い足してよいだろう。

これ以後の制度論的な議論や提言は、①権力の腐敗（邪悪な利益の追求）の防止、②国民の精神の向上・劣化の阻止、という二つの実践的観点から展開されていくことになる。

Ⅲ　選挙資格のあり方

選挙の平等

代表者を選出する選挙人の資格という問題についてミルが行っている議論の中で、特に具体的な制度にかかわる提言を読むと、多くの読者が違和感を抱くかもしれない。ミル自身、『代議制統治論』の序言で、新奇だとして当分受け容れられそうにない提言があることを認めている（ix頁）。このことを念頭に置いて言うと、ミルの議論を有意義なものとして活かすためには、具体的な提言そのものよりも、提言の根拠となっている思想的次元に注目する方が得策である。選挙の平等をめぐるミルの議論は、そうした扱いが望ましい端的な事例である。

ミルによれば、代表民主政の正しい理解とは、国民の全員が等しく代表され、そのようにして選ばれた代表者たちによって国民全員が統治される、ということである。ところが、国民の中の多数者だけが代表されれば少数者が代表される機会が確保されなくてもよい、という誤った代表民主政のとらえ方が世の中では横行している。この誤ったとらえ方では、①代表を実質的に選んでいる多数者や選ばれた代表者たちの知的レベルの低さ、②多数者による(代表をつうじた)排他的な階級利益(邪悪な利益)の追求という、二つの深刻な弊害は手つかずのまま放置されてしまう。

これらの弊害を防止するためには、あるいは可能な限り軽減するためには、代表民主政の正しい理解に即した制度、つまり平等の原則にもとづいた制度を導入する必要がある。

平等の原則からミルが強く推奨しているのは、ヘア式投票制である。これは、少数者の代表を応分に確保するために死票をできるだけ減らす工夫をした投票制度である。

詳細は省き簡単に紹介しておこう。選挙人は、自分の代表としたい複数の候補者を、順位をつけて投票する。地元だけでなくどの地域の候補者に投票してもよい。一人の候補者だけに投票してもよい。投票してよい候補者数は技術的問題がなければ無制限でかまわない。当選票数は、全国の選挙人総数を議員の総定数で割算して出す。自分の投票した候補者の第一位が、自分の票を加算しなくても当選票数に達していれば、第二位に指名した候補者に票がまわることになる。以下、議員の総定員が満たされるまでこのような割り振りが繰り返される。実際には、見かけほど複雑な仕組みではない。

選挙資格の拡大

選挙の平等の原則から必然的に帰結するのは、原則として成人の国民全員に選挙人の資格を与えることである。こうした資格から正当な理由なく排除されれば、排除された人は恒常的な不満分子になるか、公共事に無関心な傍観者になるだろう。ミルはさらに、別の重要な道徳的問題もあるとして、次のように力説している。

……他の人々と同じように自分にも利害がある事柄の処理について、自分の意見を顧慮してもらうという通常の特権を与えないことは、より大きな害悪の防止のためでないならば、人格にかかわる不正である。その人が支払うことを強制され、戦うことを強制されるかもしれず、黙って従うように求められるのであれば、それが何のためであるかを示してもらう法的な資格がある。同意を求められ、その人の意見を価値以上にではないにせよ、価値相応に受け止めてもらう法的な資格がある。……人は誰でも、何の相談もなく自分の運命を左右する無制限の権力を他人からふるわれるときには、自分で気づいていようといまいと、人格を貶《おとし》められているのである。　（一五五－一五六頁）

人格的尊厳という点で、イギリスのような高度な文明国の国民には、男女を問わず、選挙資格を与えるべきである。特に、女性への選挙資格の付与は、ミルが強く主張した点だった。

ただし、平等な選挙資格と言っても無条件ではない。投票は公共の利益に判断を下す行為だから、判断を下すのに欠かせない識字能力が要件となる。また、公金の処理にかかわる判断でもあり、歳出と納税者の負担との関係を意識している必要があるから、タダ乗り的投票をさせないために、一定程度の納税をしていることも条件になる。これらの要件は現代ではほとんど問題外とされているが、ミルがこのような制限を求める主張の根拠（判断能力や責任の自覚）については、あらためて正面から考えてみる必要があるように思える。

複数投票制

平等な選挙の確保は重要であるとはいえ、代表者議会の知的レベルの確保と階級利益追求の防止という二つの課題は依然として残されている。選挙民や議員の多数派に良識や中庸や自制を期待すれば十分だというのでは、「立憲的統治の哲学は無用の長物にすぎない」（一五一頁）。権力を悪用させない国制上の仕組みが必要である。

そのためミルは、これら二つの課題への対応策として、選挙の平等という原則の一線を越える提言にまであえて踏み込んでいく。つまり、選挙人の中の高い知性を持った層に複数票を与える、という提言である。こういう提言を市民が受け容れること、つまり、「善良で賢明な人々にはより大きな影響力を持つ資格がある、と市民が考えることは、市民にとって有益なのだから、国家がこの信念を公言し、国の制度に体現させることは重要である」（一六八頁）とミルは論じている。なぜ、このような趣旨の制度が必要かと言えば、それが実際に知性の確保に役立つばかりではない。無知と知性を同等に扱わないという制度の精神が国民に影響を与えるからである。これは、国民性格学の発想からの議論であろう。

当時のイギリスの教育格差の状況などを考えると、ミルのような見方があっても不思議ではないのかもしれない。しかも、ミルは教育格差の是正には非常に熱心だった。また、複数投票が与えられるのは少数者に限定されていて、この仕組みで少数者だけで国政を左右することはないと想定されていた。それでもなお、「善良で賢明な人々」の影響力確保のために、高学歴や知的職業への従事者に複数投票権を認めるというミルの主張を目にすると、おそらく多くの読者は違和感を覚えるだろう。筆者としても、平等選挙の精神を健全に保つためには、不公平感を与えることなしに、すぐれた人の知見を国政に活かす別の方法を探究した方が得策に思える。その一方で、平等選挙の原則を一貫して重視するのであれば、いわゆる「一票の格差」と呼ばれている今日の事態についても、きちんと答えを出す必要があるとも感じる。そういう意味で、今もなお示唆的な議論だと言えるだろう。

秘密投票への反対

ミルが「制度の精神」との関連で取り上げているテーマで、もう一つ注目されるのは、秘密投票（バロット）の問題である。

まず、前提となる歴史的文脈に触れておくと、イギリスでは、一八七二年に秘密投票法が制定されるまで、庶民院や地方自治体の選挙は、自分が支持する候補者の名前を声を出して示すといった方法による公開投票だった。ベンサムや父親のジェイムズ・ミルなどの哲学的急進派は、公開投票は地元有力者の圧力や買収の温床であり、旧来の地主支配体制を支える柱の一つだとみなし、秘密投票を政治改革の重要な項目の一つとしていた。秘密投票にかんしては、ベンサム主義と距離を置く新しい急進主義の立場に転じていたミルも、支持の立場を維持していた。ミルがこの立場を変えたのは、一八五〇年代になってからである。フランス二月革命の後、ルイ・ボナパルトが制度上は民主的な選挙によって大統領に選出されたことが、少なからず影響していると推測される。

ミルによれば、秘密投票は「制度の精神、つまり制度が市民の心に与える印象が、制度の働きの中で最も重要な部分を占める事例の一つ」である（一八四頁、傍点原著）。その印象とは、人に知られることなく自分自身のために自分の都合に合わせて投票してよいのだ、という印象である。こうした印象は、投票を私的な権利だとみなす誤解につながる。しかし、投票は権利ではない。それは信託(trust)である。ミルは次のように力説している。

権利の観念をどう定義し理解するとしても、人は誰も、他者に対して権力を行使する権利を(純粋に法律的な意味を別とすれば)持つことはできない。そうした権力はすべて、持つことが許されるとすれば、道徳的には、最も完全な意味で信託である。ところが、選挙人としてであれ代表としてであれ、政治的な役割を果たすということは、他者に対する権力行使なのである。(一八五頁)

自分に権利のある家や債券を処分するとき、人はいちいち公共の利益のことは考えないし、通常であれば考える必要もない。自由に思い通り処分してよい。権利の観念とはそうしたものである。投票も、権利であるなら同じように受け止められるだろう。

しかし、投票を家や債券と同様に自由に売ることは許されない。誰でもわかっていることである。その意味で、投票は特殊な権利だと感じられている。この感覚は、鈍らせるのではなく、いっそう強化する必要がある。

投票の重要な意義は、たしかに自分の利益や自由を不当な侵害から守るのに役立つという点にある。しかし、投票は同時に、他者の未来も左右する。投票は社会全体に対する権力行使になる。だから、投票は自分だけにかかわる自己決定と自己責任の問題ではなく、社会全体に対して責任を負うべき公共的行為である。投票者は、そうした権力を社会全体から信託されている（信頼とともに託されている）。だから、投票を売ってはいけないのである。

ミルの考えでは、公開投票であれば、投票者は他者の視線を意識することで、投票の公共的理由について多少は考えざるをえなくなる。申し開きが立たないような利己的で浅ましい理由では、自分の体面が保てなくなるからである。人目を気にしたり見栄《みえ》を張ったりといった同調志向の心理も、こういう公共的な効用がある場合には、ミルは活用に躊躇しない。

もっとも、公開投票が、ミルの期待しているとおりの効果を持つのかどうか、また、公開投票のメリットは、買収や強要を助長するという、ミルが以前は認めていたデメリットを上回るのかどうかといった点は、状況次第であるように思える。しかし、ここで目を向ける価値があるのは、その点よりも、制度の精神という問題の捉え方である。

投票制度の精神を問題にするとき、ミルが大前提にしていたのは、他者に権力を行使する権利は道徳的には絶対ありえない、という強い信念だった。だから、ミルは法律で定められた権利という文脈を除いて、権利という言葉は使わない。本書で、ミルの主張と関連するときに「選挙権」とか「有権者」という言葉の使用を避けてきたのは、そのためである。この信念は、ミルの自由の主張と表裏一体になっている。その主張を真剣に受け止めるのであれば、投票を信託と捉えるミルの主張についても、よく考える必要があるだろう。結論で賛否が分かれるとしても、じっくり議論する価値のある重要な問題である。

Ⅳ　執行機関のあり方

責任の所在の一本化と明確化

これ以降のミルの議論は、実務にかんする具体的な議論や提言が中心になっている。とはいえ、①機構の質、②国民の資質向上、という二つの基本的視点はつねに維持されている。

中央政府の執行機関については、機構の質が議論の中心になっている。

執行機関の質を確保するための組織化の原則は、議会と執行部との関係にかんする原則を準用したものとして考えられている。つまり、幅広い視点を求められる地位にある者が統制や一般的指示を出す役割を担い、実際の業務遂行は、担当する分野の専門的知識と実務経験のある部署に委ねるという原則である。この原則に即して、行政の各部署は、トップから現場担当までのそれぞれの職務階層のあいだで、垂直的な分業を組織しなければならない。

この組織方法に関連して、ミルは二つの注意点を挙げている。第一に、同一業務を複数の部署に担当させないことである。縦割りの弊害を避けるためである。

第二に、各階層の責任者は一名に限り、責任の所在を明確にしておくことである。委員会方式のように指揮統制の権限を集団に帰属させると、各構成員は自分に責任があると考えず、結果的に集団的無責任に陥るからである。

ただし、必要に応じて、助言を集団に委ねることはかまわない。たとえば、大臣の下に置かれる諮問委員会である。各諮問委員は助言にだけ責任を持ち、答申の採否は大臣の専権とする。大臣は政治家で我の強い人物が多いから、委員はそれに負けずに忖度《そんたく》無用の姿勢で率直な助言を与えることを任務と心得るべきである。委員の意見が大臣に採用されない場合でも、委員の意見はきちんと記録に残しておく。また、大臣の頻繁な交代に左右されないために委員は常任とし、任期を定めて新陳代謝を図るのがよい。

行政担当者の任用方法

当時のイギリスによく見られた上流階級の子弟の縁故採用は、ミルにとって論外の任用方法だったが、他方で、ミルの考えでは、アメリカで見られたような民主的選挙による採用も、行政の長（イギリスの首相やアメリカの大統領）の場合も含めて、行政機構の質の観点から見て望ましいものではなかった。ミルは、代議制統治の存続には国民全般の一定レベルでの公共精神が必要だとは考えていたが、実際の選挙で選挙民に不偏不党を求めていたわけではなかった。利害の多様性があれば党派的偏りは避けられないし、通常の議員選挙が党派間で争われるのは当然と見ていた。しかし、公正さと専門性が求められる行政職員や裁判官の場合は、党派性の絡む選挙での任用は避けるべきであった。

ミルが推奨するのは公開競争試験である。一八五〇年代になって、イギリスでは、公開競争試験の部分的導入が始まっていた。これを拡大徹底することをミルは提唱したのである。行政職員の選任も、他の業務と同様、責任の所在の一本化と明確化が欠かせない。したがって、選抜業務にかんする責任は幹部職員に負わせ、任免権者は大臣とすべきである。試験科目は一般教養科目とする。これを上流階級の子弟の主要な就職先だった軍務関係の採用試験に適用することには反対意見があったが、ミルは例外を認めていない。軍人は体格と身体能力が勝負で、知識を問う必要はないという意見に対しては、ミルは「上流階級の中の頭のよくない人たちの常套句《じょうとうく》」（二五四頁）という辛辣《しんらつ》な言葉で一蹴している。

中央政府には、地方の仕事にまで手を広げて動きがとれなくなる傾向がある。また、イギリスでは議会も、私法律という民間の地方的な個別事案を処理する手続きを担当しているために、そうした業務で忙殺され、国全体の重要案件に頭がまわらなくなっている。こういう弊害を避けるためには、地方固有の仕事は地方の機関に委ねる分業が必要だとミルは指摘する。この分業の仕組みは、イギリスでも一応存在してはいるのだが、体系性がまったくない。他の国々では組織の出来はよいが自由が少ないのに対して、「イギリスでは、いつでも自由は多いが組織の出来が悪い」（二五八頁）というのが現状である。

地方の統治機構を考える場合でも、①業務処理の公正さと効率性、②住民の資質や公共精神の育成という二つの基本的基準は堅持する必要がある。ただし、ミルによれば、地方の場合は、国全体として共通に行うべき死活的利益の保護という職責はないから、行政の質よりも精神的訓練に大きな比重を与えてよい場合がはるかに多い。そうしても、リスクはより少なく、メリットはより大きい。トクヴィルの地方自治の役割を重視する議論に接して以後、地方での住民参加の必要を力説してきたミルの姿勢は、ここでも一貫している。この姿勢にもとづいて、地方議会の構成や選挙制度、執行機関に関する具体的な提言も行われている。

原則レベルでのもう一つの議論は、中央と地方の役割分担をめぐるものである。「原則に最も精通した機関が原則に関しては最上位に立つべきであり、細目に関して最も有能な機関が細目を任されるようにすべき」だ、というのが基本的な考え方である（二七二頁）。これに従えば、中央機関の任務は指示を与えることであり、地方機関の任務はそれを適用するということになる。地方自治はたしかに地元の人々にとって学校だが、学校には生徒だけでなく、教師も必要である。すぐれた人材は中央政府に集まってしまいがちである。しかし、そうした人材を活用して国内外の情報や知見を収集し、それらにもとづいた一般的指示を地方に示せば有益なガイドになる。他方で、それを具体化するという点では、地元の事情に精通している人々が最適なのである。

V　政治的統一性に関連する問題

国民的一体性

『代議制統治論』の考察の対象は、イングランド（ウェールズを含む）、スコットランド、アイルランドから構成された当時の連合王国という一つにまとまった国家だった。ミルはこの著書の締めくくりに入った段階で、それまで自明の前提として扱っていたこのような国民的一体性（nationality）と代議制統治の関係について考察している。これは、政治社会を安定させる諸条件の探究という社会静学的な関心に由来している。

ミルによれば、国民的一体性とは、人類の中の仕切られた一定部分の中に存在している特殊な共感を意味している。この共感は、他の集団とのあいだには存在しない。国民として一体化している集団では、たがいに積極的に協力し、同じ政府の下にありたいという意欲を生じさせるような集団意識がある。このような一体感を生み出す要因としては、種族や祖先が同一であること、宗教や言語の共通性、地理的なまとまりなどがあるが、最も強力な要因は、同じ政治的経験や過去の出来事に対する誇りや悔恨の想いが共有されていることである。ただし、以上のような要素がなくても、何らかの成り行きで一つにまとまることもある。

国民的一体性は、自由な統治にとってきわめて重要な条件だとミルは考えている。「自由な制度は、異なったいくつかの国民集団からなる国ではほとんど不可能」である（二七八頁）。一国の中で集団ごとに関心や考え方が異なり、特に言語が異なっていれば、相互の意思疎通が困難になり、その政治社会全体に共通する意見（パブリック・オピニオン）が成立しない。こういう環境では、むしろ逆に疑心暗鬼が生まれやすい。たがいに協力するよりも、たとえ横暴な政府でも、自分たちに有利な形で他の集団を抑圧していれば、政府の方にすり寄ってしまう。これでは自由な統治は不可能である。

ミルは以上の見地から、イングランド、スコットランド、ウェールズのあいだにある多少の違いは、一つの国の中で補い合い、混交することが望ましいと強調する。そうなっても、それぞれの個性が失われる心配はない。他方、アイルランドは不平等な扱いを受けた過去はあったにせよ、また、そうした処遇への反発が残っているにせよ、事態は改善してきている。無理に独立をめざすよりも、イギリスという国の一部であることのメリットを重視した方が得策である。ミルは、以前からこの立場で、アイルランドの人々への不利な条件（土地の譲渡や相続の制度など）の是正をめざす言論をくり広げていた。

国民国家を超えた統治体制

ミルは「国民国家」という語は用いていないが、ミルが取り上げている国民的一体性の存在を前提とした政治社会は、今日言われている「国民国家」に相当するものと見てよいだろう。ミルは、そのような政治社会における代議制統治についての議論を終えてから、最後に、国民国家を超えた統治体制を取り上げている。イギリスによる属領統治の体制と、主にアメリカに焦点を合わせた連邦国家の統治体制である。今日の問題にもつながっていそうなところに絞って触れておくことにしよう。

連邦制

ミルがイギリスにはない連邦制の統治体制に注目した最大の理由は、デモクラシーの大国アメリカが、内戦（南北戦争）突入寸前の危機に直面していることにあったと考えられる。ミルにとって、アメリカはフランスと並んで、代議制の統治体制の考察にとって重要な材料を提供している国だった。

ミルは、このような関心から、まず、連邦制の統治体制が安定して存続する条件を三つ挙げている。第一に、連邦として外敵に共同で闘うことができる程度の共感が存在していることである。程度の差はあるとしても、一つの国民集団に必要なものと同類の共感が必要になる。スイスは宗教対立が激しいヨーロッパの中で、自由国家を防衛するために宗教や言語の違いを超えて連邦の絆《きずな》を維持した。他方、アメリカは連邦制の維持に必要な諸条件をほとんど満たしながらも、奴隷制を認めるか否かという点で非常に深刻な違いをかかえている。

残り二つの条件は、各加盟国の国力に関連している。まず、各加盟国の力が自力だけで自国を防衛できない程度にとどまっているという条件である。そうでないと、連邦のありがたみが実感できず、連邦に加わることで生じてくる負担や制約が煩わしくなってしまう。もう一つの条件は、連邦の構成国のあいだで、国力や規模に大きな違いがないことである。

違いが大きいと、相対的に強大な加盟国は連邦制にメリットよりも負担を感じるようになり、連邦は長続きしない。

連邦の組織方法という点で、アメリカは、連邦の法律が加盟国を拘束するという不完全な形をとらず、各加盟国（各州）の個々の構成員を直接に拘束するという完全な形になっている。これは合衆国憲法の制定を推進したフェデラリストたちの功績である。ただし、この場合は、州と連邦のそれぞれの統治権力に対して明確な立憲的制約が課され、さらに、州と連邦のあいだの紛争処理が第三者的立場にある連邦裁判所に委ねられている必要がある。こうした重責を担う連邦裁判所の判事は、トクヴィルが指摘したように、知的卓越と不偏不党の態度によって強大な権威を持ち、国民に深く信頼されている必要がある。連邦裁判所が奴隷制にかんして、一部地域の奴隷制を容認する決定を行い、不偏不党の立場を維持できなかったことが、内戦の危機を決定的に大きくしたと、ミルは指摘している。連邦裁判所はアメリカ国制（憲法）の重要で欠かせない支柱であるが、こうなってしまうと支えきれなくなる。

今日の観点からして興味深いのは、連邦制にかんするミルの次のようなコメントである。

実効性と持続性のある連邦を形成する条件が整っている場合には、連邦の増加は世界にとってつねに有益である。それには協力の慣行が他の形で広がっていくのと同様の健全な効果があり、弱小国は連邦を介して団結することによって、強国と対等に向かい合うことができる。互角に自衛できない小国の数を減らすことによって、武力の直接行使や優越的な力の示威によって侵略政策を進めようとする誘惑を弱める。連邦は当然ながら、連邦構成国間の戦争や外交紛争を終わらせるし、また、たいていの場合は、相互の交易に対する制限も廃止する。（二九七頁、傍点原著）

さらに、こういう場合の「連邦政府は、全市民の自発的協力をあてにできる自衛戦争以外、どんな戦争も効率的に遂行できるまでに十分に集権化した権力を持っていない」（同前）ために、国際平和も促進される、とミルはつけ加えている。

インドの統治体制

『代議制統治論』の最終章となる第一八章は、「自由国家による属領統治について」というタイトルになっている。その中で中心を占めているのは、イギリスによるインド統治の体制にかんする議論である。

ミルの議論を、イギリスの植民地支配の擁護論だ、自分が勤務していた東インド会社による間接統治についての自画自賛だ、と批判する見方もあるだろう。しかし、自由重視のミルが、属領の存在が歴史的与件となっている状況で、属領統治の原則をどう考えていたかを知っておく価値はある。それは今日、自由な統治体制の国と開発途上国との関係を考えるときの参考になるだろう。

ミルの議論の大前提は、人は他者に権力行使する権利を持たないという原則である。ただし、この原則は、自由な統治の条件が整っている国の場合と、まだ、そうなっていない国を他国が統治する場合では、適用の仕方が異なっている。イギリスではこの点で大きな誤解がある、とミルは指摘する。属領統治を担当する大臣に対して国民が民主的統制をすれば、それでよいと考えられている。しかし、自国が自由な統治体制だからといって、自国民の要望を優先させると、属領の人々の利益が顧慮されなくなる危険がある。

文明化の途上にある地域にとってのよい統治の基準は、ミルの考えでは、その地域の保護と発展である。その地域を属領として統治する国は、この基準を満たすという前提で、権力を現地の人々から信託されている。たしかに、属領の保護と発展をめざす統治というのは理想であって、完全に実現することはむずかしい。「しかし、それにいくらかでも近づくのでなければ、一つの国民に対して委ねることのできる最高度の道徳的信託を履行しなかった点で、支配者は責めを負うべきなのである。ましてや、それを全然めざしていないというのであれば利己的な簒奪者《さんだつしゃ》であって、犯罪性という点で、時代から時代へと相も変わらず野心と貪欲から多くの人々をもてあそんできた連中と何ら変わるところがない」(三一一頁)。自国以外の地域の人々の運命を左右する行為にも、その自覚と責任が道徳的に求められている、とミルは力説する。それは、過去の植民地主義や帝国主義の時代に限られたことではないだろう。今ここにある課題でもある。

第六章 『功利主義』

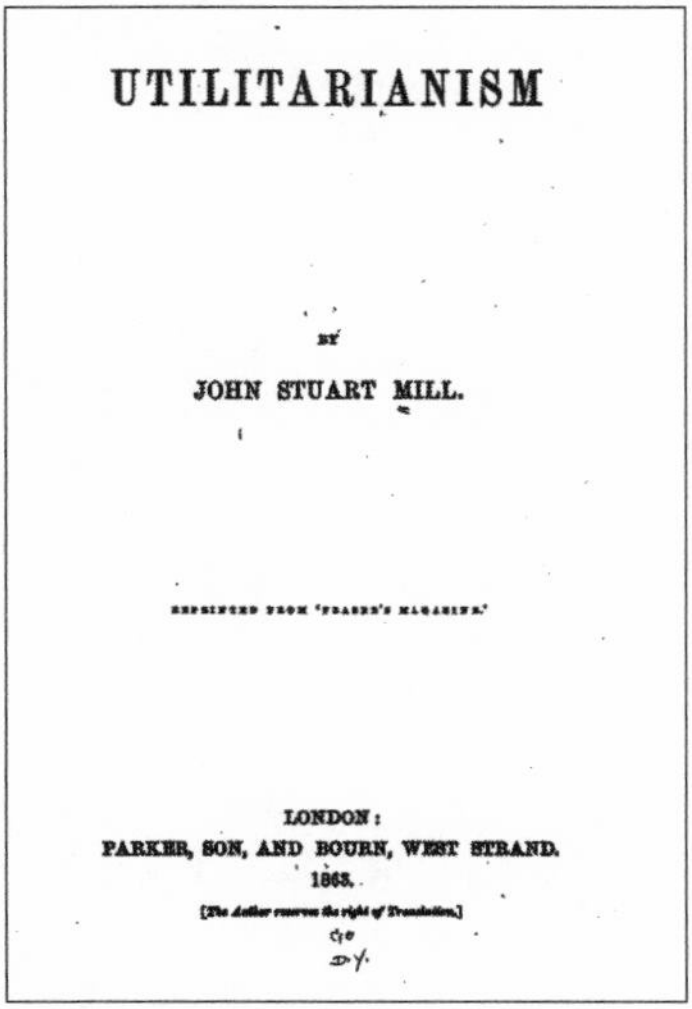
UTILITARIANISM

BY

JOHN STUART MILL.

REPRINTED FROM 'FRASER'S MAGAZINE.'

LONDON:
PARKER, SON, AND BOURN, WEST STRAND.
1863.

[The Author reserves the right of Translation.]

『功利主義』初版の扉

1851 『論理学体系』（第3版）の第6巻最終章の実践目的にかんする部分を全面改訂。アート・オブ・ライフを提示。

1854 道徳の基礎にかんする論考執筆を構想。

1861 『功利主義』が雑誌に分載発表。

1863 『功利主義』が1冊の本として刊行。

1865 『コントと実証主義』。
『功利主義』第2版。

1867 『功利主義』第3版。

1871 『功利主義』第4版。

ミルは、妻のハリエットに宛てた一八五四年の手紙で、これから執筆に取り組むべきテーマを列挙していた。その中には「道徳の基礎」が含まれており、ミルは、この手紙を書いた後、同じ年に正義にかんする短いエッセイに着手した。作業ははかどらなかったが、一八五八年の夏頃までには、功利主義にかんする論考として、あらためて執筆作業が再開された。原稿は、ハリエットが亡くなった後、一八六〇年に書き直された。この書き直しは、ミルが著作の仕事で、いつもの手順としていたものだった。同じ時期にミルは『代議制統治論』も執筆していたから、想像を絶するような精力的取り組みである。原稿が仕上がると、ミルは一八六一年に、『功利主義』というタイトルで、まず雑誌『フレイザーズ・マガジン』で三回に分けて発表した。一冊の本として公刊されたのは、一八六三年になってからである。

I　二つの道徳概念

公共道徳と個人倫理

『功利主義』の議論には、実のところ、特有のわかりにくさがある。その原因は、ミルが

「公共道徳」と「私的倫理」という二つの意味の道徳のあいだを自在に行き来しているところにある。

自分の生き方が多少なりとも自由に選べる社会では、個人としての生活の理想を考えることが可能になり必要にもなる。その理想は、場合によっては、使命や義務といった厳格な形で受け止められることもある。こうして、公共道徳とは別に、それぞれの個人の生活を律する規範としての私的倫理が意識されるようになる。ミルが念頭に置いている道徳の二つの意味は、こうした条件を反映している。

個人の行為と二つの道徳との関係

ミルの論じている功利主義では、二つの道徳と個人の行為との関係が、かなり込み入っている。ミルは、『自由論』では個人の行為を「自己にかんする行為」と「他者にかんする行為」に二分していた。しかし、ミルの議論を丹念に追っていくと、実際に念頭に置かれていた個人的行為の分類はもっと複雑であることが分かる。整理して図式化したものを次頁に示しておく。

『自由論』の行為の二分法では、他者に危害を与える行為(太字の部分)と、それ以外の行為とのあいだで境界線が引かれていた。そのため、思想と討論の自由で確保される真理という公共的な価値は、他者に危害を与えない行為の価値として扱われていた。その一方で、本書第三章で示したように、ミルは一八五一年に改訂した『論理学体系』第六巻最終章における生活の実践的技術（アート・オブ・ライフ）の議論では、このアートがめざすべき目的を、道徳、思慮、美の三つに分けていた。左に示した図表は、これらを合成したものである。

ミルが『功利主義』の中心的主題としている狭義の道徳、つまり公共的な道徳は、主に正義にかかわるものである。言いかえれば、他者や社会全般に危害をもたらす行為を対象とした行為規範である。「主に」という表現を用いたのは、ミル自身の議論の中で、社会全般の

行為の種類	他者にかんする行為		自分にかんする行為	
問題となる利害得失	他者・社会全般への危害＋自己中心的な利益	他者・社会全般への善＋自分の幸福	自分の幸福	自分への危害
規範的課題	社会的な強制・義務	真理・自己陶冶・美（人格の高潔さや芸術的感受性）	生活の工夫	自己責任
徳性	公共道徳	博愛・真理や美への愛	思慮	
（二次原理）	社会的な徳		行為者本人にかんする徳	

利益の観点から、例外的に、差し迫った明白な危険の回避のような社会の便宜（都合）を正義に優先せざるをえないケースが認められているからである。これは、個々の事情を勘案して判断せざるをえない非常事態であり、ルールを立てることができないケースなので、前頁の図表には組み入れていない。

他者や社会全般に利益をもたらす行為は、正義の管轄外にある。この場合に得られる利益は、個人にとっての利益と、公共的利益の双方にまたがっている。たとえば、自由な交易の場合、個人は自分の思慮や創意工夫で利益を得るとともに、社会の繁栄にも直接・間接に貢献する。経済活動以外でも、個人の資質の向上や生活の工夫は、当人の幸福を高めるとともに、その総計が社会全般の幸福の増分にもなる。自分以外の人々にとっても、手本や参考という形で社会全般の利益に貢献することもあるだろう。さらに、真理探究、博愛的な行為や芸術活動などは、本人の充実感や満足感もさることながら、公共的な価値も持っているから、それ自体で直接的に社会全般の利益を増加させる。

以上の点をふまえることで、ようやく、『功利主義』における議論でミルが言わんとしているところが明確になってくる。

II　幸福について

事実としての幸福

ミルは『功利主義』第二章で、人間は実際にどんなことに幸福（快楽・効用）を感じているのかを考察している。この事実にかんする誤解や偏見を正すことは、効用（最大幸福）の原理に対する反対論を論駁《ろんばく》するのに欠かせないからである。

代表的な誤解や偏見は、快楽を粗野な快楽に限定したり、効用を美的なものに対立する実用一本槍《いっぽんやり》の無味乾燥なものとみなしたりすることである。そうした誤解や偏見は、自分の幸福や快楽の狭い見方を図らずも露呈しているだけのことだとミルは指摘している。

しかし、その一方でミルは、功利主義者がこれまで快楽の質的差異（質の優劣）を軽視しがちだったことも認めている。高級な快楽と低級な快楽の違いは、両方を経験して知っている人が、どちらを選ぶかではっきり見てとることができる。高いレベルの能力を持つ人は、快楽の対象にいっそう高度なものを求めている。それを得るために苦労しなければならないとしても、そういう苦労ならば進んで引き受ける。下劣な快楽で満足したくないという気持ちを導くものは、ふつう、誇りとか、自由や人格的な独立への愛、力への愛、高揚した気分への愛など、いろいろに表現されている。

しかし、最も適切な呼び方は、尊厳の感覚（a sense of dignity）である。尊厳の感覚は、すべての人間に何らかの形でそなわっており、その度合は、正確にではないにせよ、その人の高次元の能力に比例している。この感覚は、それが強い人々にとっては、幸福にまったく欠かせない要素となっているので、この感覚と対立するどんなものも、一時的な場合を除けば、欲求の対象になりえない。（三〇頁）

「尊厳の感覚」は、低次元の欲求に宿命であるかのように決定されてしまう生き方を拒むときの自由の感情と、言わば表裏一体である。ミルがストア派の説明だとしている「自由や人格的な独立への愛」（二九－三〇頁）にも通じている。

高い次元の快楽を選ぶ人は低次元の快楽に満足せず、ソクラテスと同じように有徳な生き方を選んでいる。それは、ミルが理想とする生き方である。しかし、この生き方と、「精神の危機」の後に採用した「人生理論」との関係はどうなるのだろうか。幸福を直接の目的にしないことで幸福を得るというこの理論に従えば、高い次元の幸福も直接の目的にできない、ということにならないのだろうか。実のところ、ここには二つの問題が絡んでいる。行為の動機の質的変化という問題と、公共道徳と個人倫理との区別という問題である。

幸福と行為との関係

有徳な人であっても、最初は、自分の行為が他者を幸福にする経験をして、それをうれしいと感じるところから始まる。あるいは、自分が他者を幸福にできなくて、それを辛いと感じるところから始まる。こういう経験をくり返して、他者への幸福に貢献する行為が習慣化してくると、行為の結果として得られる自分の楽しさ（快楽・幸福）が意識されなくなり、有徳な行為を始めること自体に楽しさを感じ、そうしないことに辛さを感じるようになる。こういう習慣による変化は、つまり、快苦それ自体ではなく快苦をもたらす手段と、快苦との連想が形成されたことを意味する。

有徳な行為は、さらに、欲望の対象から意志の対象に変化する。これについてミルは、『功利主義』第四章の中で、次のように述べている。

意志は能動的な現象であり、受動的な感覚の状態である欲望とは異なったものである。

意志は、最初は欲望から生まれてくるが、やがて根を生やして、この親株から分離することがある。そのため、目的が習慣的なものになっている場合、あることを望むからそれを意志するのではなく、あることを意志しているからという理由だけでそれを望む、ということもしばしばある。

（二〇一頁）

意志が習慣化すると「決意（purpose）」と呼ばれるようになる。これについてミルは、『論理学体系』第六巻第二章の中で、次のように論じている。

われわれの決意が、その起源である快楽や苦痛の感情から独立したときに、われわれはようやく、確固とした性格を持っていると言ってもらえるのである。「性格とは」、ノヴァーリスの言うところによれば、「型が完全に定まった意志」のことである。意志は、いったん、そのように型が定まると、安定し揺らぐことがない。

（邦訳、『功利主義』附録一、一八一頁）

有徳な性格の人は、行為の目的が快楽や苦痛の感情から独立している。こういう人は自己犠牲もいとわず、自分以外の誰かの利益や社会全般の利益のために力を尽くす。その行為で自己満足しようという気持ちはない。だからといって、こうした英雄的で高貴な行為は、自分を苦しめることを目的としているわけでもない。念頭にある目的は、あくまでも、自分以外の人々や社会全般の幸福である。

有徳な人が自分を犠牲にせざるをえなくなるのは、めざしている目的に対する社会的な障害があまりに大きいからである。そういう状況で自己犠牲を甘受する人は、行為を始める前ばかりでなく、行為を始めてからも、幸福や苦痛に対して超然としている。ミルは次のように述べている。

〔自己犠牲が避けられない場合には〕幸福を求めない覚悟で行為できることが、達成可能な幸福を実現する最善の見通しを与えてくれる、と言い足しておこう。なぜなら、このような覚悟だけが、最悪の運命や偶然でも自分を屈服させる力はないと実感させ、それによって、人は人生の偶発事に対して超然としていられるようになるからである。いったんそのように実感すれば、人生の災厄を過度に心配することから解放される。そして、ローマ帝国の最悪の時期にいあわせたストア派の多くの人々と同じように、手の届く範囲で自分に満足を与える元となるものを、平静に育んでいけるようになる。

（四五－四六頁）

幸福を直接の目的にしないことで幸福を得るという、ミルが「精神の危機」の後に獲得したと『自伝』で述べていた「人生理論」が、ここでようやく登場してくる。

有徳な人間にとっての幸福

しかし、まだわからないことが残っている。「達成可能な幸福」、「手の届く範囲で自分に満足を与える元となるもの」とは何を指しているのだろうか。有徳な行為から得られる充実感ではないだろう。そもそも、有徳な人は充実感の有無に対しても超然としているはずである。

残念ながら、ミルは具体例を示していない。しかし、ミルが人生を「絶えざる苦闘」と受け止めるようになったとき、自然美やワーズワースの詩が救いになったことを想起すればよい。ワーズワースの詩からは、失意の中でも個人的に可能な知的探究や美的探究を静かに楽しむ、あるいは逆境の中でも人々が親切さや勇気や寛大さを忘れず、自分にまで示してくれることを喜ぶ、といった情景が思い浮かんでくる。幸福を直接に求めない、感情の陶冶を大事にするという、「精神の危機」の経験から得た生き方と思想における二つの基本的な方向性は、このような形でつながっていたように思われる。

二つの道徳の区別が必要な理由

『功利主義』第二章には次のような一節がある。

行為の正しさにかんする功利主義の基準となっている幸福は、行為者本人の幸福ではなく、その行為にかかわりのある人々全員の幸福である。……ナザレのイエスが説いた黄金律には、効用の倫理の精神が完全な姿で示されている。自分がしてもらいたいように自分もすることと、自分を愛するように隣人を愛することとは、功利主義の道徳が究極の理想とするところに他ならない。（四七頁）

ミルはこれに続けて、効用は法律や社会制度、さらに教育に対して、この理想に近づく手段としてなすべきことを命じている、とも述べている。注意が必要なのは、ここで用いられている「倫理」や「道徳」の意味である。

ミルは、ナザレのイエスが説いた黄金律――なにごとでも人びとからしてもらいたいことは、すべてそのとおり人びとにもしてあげなさい――を作為（してもらいたいことをすべきだ）と不作為（してもらいたくないことはするな）という裏表両面を意味するものとして引き合いに出している。人間の行為すべての評価基準としての効用という観点から見る限りでは、ミルの説明に何も問題はない。

しかし、法律や社会制度、さらに教育という観点から見る場合には、作為と不作為のあいだには、実のところ、重要な境界線があるとミルは考えている。つまり、他人に危害を与えてはならないという不作為の指示は、社会が強制すべき事柄である。しかし、他人を幸福にすべきだという作為の指示は、社会が強制すべき事柄ではない。教育においても、両者の違いに応じた配慮が必要になる。これは、ミルが『自由論』で自由原理として、つまり、個人に対する社会の干渉の範囲を定める原理として力説していた点に他ならない。

個人がしてはならないことは、社会が義務として定め強制する。望ましいものとして個人に期待される行為は、社会の中で推奨され賞賛されはするが、強制はされない。この区別は、『功利主義』において、先ほど取り上げた有徳な人の自己犠牲をめぐる考察との関連で、はっきりと主張されている。たしかに、有徳な人は、自分の幸福を犠牲にしてまでも、自ら進んで自分以外の人や社会全般の利益のために行動する。しかし、功利主義は、有徳な人のこうした自発的な自己犠牲を、公共道徳の義務としては要求していない。功利主義の道徳は、誰に対しても自己犠牲を要求する過酷な道徳だという批判は、誤解にもとづいている。

功利主義の立場では、公的な効用つまり社会全般の利益を害さない行為の動機が、他者への配慮という立派なものか、自己中心的な利益かは、公共道徳の観点からは問わない。もちろんそれは、人柄や品位の評価という個人道徳の観点から見れば大きな違いである。しかし、功利主義は、これら二つの観点を混同していない。はっきり区別している。

他方で、最大幸福原理という公的効用の原理は、社会を構成する各個人の幸福の総計を考慮するから、個人の不幸や犠牲もカウントされる。その観点からすれば、有徳な人の自己犠牲はマイナス要因になる。だから、社会がそのような自己犠牲を必要としなくなるまで改善されることは（他人への思いやりの心は残す必要があるとしても）大いに望ましい。しかし、それまでのあいだは、ミルの考えでは、こういう高貴な例外は、少数でありながら、非常に貴重な手本を示すことで社会に大きく貢献しているので、プラスに評価してよいのである。

公共道徳と個人道徳との区別は、これから取り上げる道徳への動機づけ（サンクション）や正義をめぐる議論においても重要な位置を占めている。

Ⅲ　義務づけと正義

サンクション

人間が道徳に従うときに作用している動機づけを、ミルは「サンクション」と呼んでいる。ミルがこの概念を取り上げたのは、宗教的な背景を持たない功利主義の道徳には強力で永続性のあるサンクションが欠けているという批判に対して、サンクションの心理的性質を明らかにすることで反論するためだった。

ミルによれば、サンクションは行為者から見て外的なものと内的なものの二種類がある。外的サンクションは、行為者の外部に由来する動機づけである。これには、神への恐れという宗教的なもの、法的制度がもたらす刑罰への恐れ、社会的非難への恐れがある。内的サンクションは、行為者の精神に内面化されている動機づけである。強い苦痛をともなう感情であり、良心とか道徳的義務の感情と呼ばれているものである。この感情には、たいてい、情愛や共感という感情がともなっている。あるいは、宗教的な感情、幼児期やそれ以後の過去の想い出、自尊心や他人から尊敬されたいという願望、さらに自分を卑下する感情がともなうこともある。人がこうした内的サンクションに抵抗しようとしても、ふつうは、これらの強力な感情に阻まれる。また、それを突破したとしても、後悔という形で同じものに直面することになる。

義務の感情の自然な基礎

しかし、義務の感情は道徳と連想で結合している後天的なものだと言えるとしても、教育によって形成された連想は、感情面で「自然な基礎」がないと「後になってから分析のせいでしおれてしまう」ことがある（八〇頁）。これは、ミル自身が「精神の危機」の中で経験していたことに他ならない。

ただし、これも同じくミル自身の経験にもとづいて語られていることだが、「自然な感情」は実在している。それは人間の社会的感情、つまり、他の人々と一体化したいという欲求である。しかも、人々のこの自然な感情は、文明の進展とともにいっそう強力なものになる。他者との接触や協力の機会が増加するとともに、共感の範囲が広がり、また、他者への配慮が自分の利益につながる経験も増える。

現状では、このような社会的感情が不十分な人々も少なくないが、この感情をしっかりと持っている人も存在している。これらの人々にとって、社会的な感情は「教育のもたらした迷信とか社会の権力が押しつけた専制的な規範ではなくて、自分たちの幸福に欠かせない特質」(八六頁)になっている。

内的サンクションが持つ危険性

社会制度や教育の力を駆使すれば、功利主義道徳の内的サンクションが力不足になる心配はない。問題はむしろ、コントの思想に見られるように、社会的感情が、場合によっては「人間の自由と個性に不当に干渉してしまうところにある」(八五頁)。

なぜ、望ましいはずの社会的感情が、自由と個性への不当な干渉になってしまうのだろうか。ミルは『功利主義』のこの箇所では説明していないが、少し後に刊行された『コントと実証主義』(一八六五年刊)で、この点を明確に論じている。

ミルによれば、「こうしたサンクションの正しい役割は、自分以外のすべての人々にも公正な機会を与えるのに必要な物事を、各人に対し強制するところにある」(一五〇頁)。つまり、各人の所有物や身柄の安全を確保し、自由原理が示している個人の自由を守ることである。この本来の正しい役割を果たしている限り、良心が個人の内面を強く抑制することは正当であり、非難の余地はまったくない。それを抑圧だと告発するのは的外れである。しかし、この本来の役割を超えて個人の行動を阻害するときには、良心は専制的になる。外的サンクションによる多数者やエリートの専制と同様の、いわば良心の専制が起こるのである。

このように内面で不当な抑圧が生じる原因は、ミルによれば、人間のすべての行為を正か不正かという単一の基準で評価するところにある。それは、コントとカルヴァン主義に共通する誤りである。つまり、人間の行為を、義務としてしなければならない行為と罪になる行為の白黒二色だけで判断し、そのあいだの義務でも罪でもない「一つの中間領域、積極的な価値の領域があることを認識していない」(二四九頁) という誤りである。

そこで次に必要となるのは、正義や義務と道徳との関係についてのミルの考えを確認し、その上で、それ以外の「積極的な価値」が効用の原理に占める位置をあらためて確認することである。

Ⅳ　正義とそれ以外の人間的価値

正義の心理的起源

ミルはベンサム主義に傾倒していた少年期から晩年に至るまで、一貫して道徳感覚を生得とみなす主張に反対し続けた。なぜなら、ミルの考えでは、生得であれば、永遠に変わらない普遍的なものということになり、さらには道徳判断の能力ばかりでなく、道徳判断の内容にまで永遠不変という見方が拡張されて、現実にある不道徳を隠蔽したり正当化したりすることにつながるからである。

正義の観念やそれにともなう感情についての誤った説は、ミルのこうした批判の主要ターゲットだった。正義は自然に内在する絶対不変の規範であり、状況に左右されるたんなる便宜（都合・不都合）とは本質的に異なっているという見方は、誤っている。正義にともなう感情に非常に強い力がともなっているのは事実だが、それは正義の感覚や感情が生得のものだからではない。正・不正の感情は一定の物事と結びついた連想によって形成されている。

正義の観念は、正・不正の感情をもたらすさまざまなケースと連結している。まず、そうした感情が、法的権利と結びついている場合がある。悪法によって権利の有無が左右されている社会では、法的権利の代わりに道徳的権利と結びつく。また、各人に相応のもの（各人に帰属して当然のもの）を所有する権利と結びつく場合もある。不正だという感情が、信頼関係を損ねることで生じることもあるし、偏った扱いや不平等な処遇に対して生じることもある。これらの事例から見てとれるのは、何らかの法的な性質を持つ束縛が正義の観念の母体になっていることである。

正義とサンクション

しかし、望ましい行為を指示するという点は、正義と便宜は共通しているから、正義に特有の性質を把握するには、両者の分岐点に注目する必要がある。両者の分岐点は、法的刑罰や社会的刑罰（社会的非難）、つまりサンクションと言えるものがともなっているかどうか、というところにある。

特定の誰かが権利を持っているときは、その権利を尊重する義務が、その人以外のすべての人間にある。処罰の感情は、この義務を実際に怠った人間に対して生じる。しかし、他者にかかわらない領域でのプライベートな都合・不都合に対する判断は言うまでもなく、自発的献身や慈善の場合でも、そのような処罰感情の前提になる権利・義務の関係は存在しない。だから、たとえば街頭募金をしなかったからといって、特定の誰かの権利を侵害したとして処罰されることはない。慈愛も正義のどちらも、広い意味では道徳的な事柄ではあるが、両者にはこのような大きな違いがある。その点をまったく無視して「道徳のすべてを正義で一括《ひとくく》り」にする（一二六頁）のは誤りである。

この箇所は、ミルが狭義の道徳と広義の道徳のあいだを自在に行き来している顕著な一例である。権利・義務にかんする道徳は「正義」という狭義の道徳であり、一括りにすべきでない「道徳」の方は、広義の道徳を指している。『論理学体系』のアート・オブ・ライフの議論を重ね合わせれば、正義や慈愛、それに思慮は、いずれも第一原理としての効用の原理（最大幸福原理）の下位にある二次的原理（中間原理）である（二二九頁の図表参照）。ミルが正義を（狭義の）道徳と頻繁に言いかえているのは、正義という二次的原理が広義の道徳全体の中で占める比重の圧倒的な大きさのためと推測される。この比重の大きさについて、ミルは次のように明言している。

私の考えでは、効用を基礎としている正義は、道徳全体の中の主要な部分であり、他とは比較にならないほど厳粛で拘束力のある部分である。正義は、道徳のいろいろな規則の中でも、特定の種類の規則に与えられている名称である。この規則は、生活の導きとなる他のどの規則よりも人間の幸福に密着しており、そうであればこそ、他の規則とは比較にならない義務づけの力をそなえている。……人々がたがいに傷つけ合うこと（これには、自分以外の人々の自由に対する不当な干渉も含まれていることをけっして忘れてはならない）を禁じる道徳規則は、人間の幸福にとって、他の準則よりも死活的である。他の準則は、どれほど重要だとしても、人間生活のどこかの部分を扱う際に、いちばん適切な扱い方を指示しているだけである。

（一四七頁、傍点は引用者）

この部分は、正義の準則という二次的原理が、他のアート・オブ・ライフと対比されている点に加えて、自由原理と一体であることを示している点でも注目される。

広義の道徳において正義が突出した重要性を持っていることは、正義だけが処罰を前提に人々を強制するサンクションを持っていることではっきりしている。ミルによれば、正義に反する行為者への処罰の感情には、二つの要素が結びついている。第一に、自己防衛の感情であり、危害に対する報復の感情である。これ自体は道徳的な性質のない動物的本能のような感情だが、この要素が処罰感情の強さを支えている。第二の要素は、危害を加えられた他者に対する共感である。危害が他人事《ひとごと》に思えないということである。この要素が、処罰の感情に道徳的な性質を与えている。

以上で、『功利主義』の読解を終えることにするが、最後に、『功利主義』の趣旨を端的に示しているセンテンスを引用しておきたい。

社会改善の歴史全体が、これまでどういう一連の変化だったかと言えば、社会の存続にとって最も必要だと考えられていた慣習や制度が、次々と例外なく、不正と専制の烙印《らくいん》を押されるところにまで成り下がっていく、という変化だった。奴隷と自由人、領主貴族と農奴、都市貴族と平民といった区別がそうだった。肌の色や人種や性による上下の区別もそうなっていくだろうし、すでに部分的にはそうなっている。（一五六－一五七頁）

『功利主義』の主要な意図は、道徳的な観念や感情を先天的で固定的なものとする見方を批判し、歴史的な変化に応えながら人々の幸福の増大をめざす効用の原理を対置することだった。このセンテンスは、そのことを明確に示している。それと同時に、現代のわれわれの社会でも、まだ「そうなって」いない部分が少なからず残っていることを想い起こさせる。

第七章
晩年のミル

ミルの銅像（著者撮影・1984年）
ミルの没後、ミルを偲ぶ人々が募金して建てられた。ロンドン・ウエストミンスター、テムズ河沿いの公園にある。21世紀の今もそのままの姿で残されている。

1865 『ハミルトン哲学の検討』『コントと実証主義』。

1866 庶民院議員に選出される。

1867 ジェイムズ・ミル『人間精神現象の分析』（1829年刊）をベインとともに編集し注を加えて再刊。
セント・アンドリューズ大学の名誉学長に招請される。就任講演（『大学教育について』）を公刊。
第二次選挙法改正。

1868 庶民院議員選挙に再び立候補するが落選。
『イングランドとアイルランド』。

1869 『女性の隷従』。

1873 5月7日、アヴィニヨンで死去。
ミルの没後、ヘレン・テイラーの手によって、『自伝』が公刊される。

1874 『宗教三論』公刊。

1879 『社会主義論』が『フレイザーズ・マガジン』で分載発表される。

『功利主義』の執筆と刊行で、ミルの思想は完成の域に達したと言えるだろう。ミルの思想形成の軌跡をたどる作業は、これで終点にたどりついたことになる。とはいえ、評伝という性格を持つ本書としては、やはり、その後のミルの人生を最期まで見届けておきたい。

晩年のミルは、それまでと変わることなく、自分が選び取ってきた生き方を続けた。生活の大きな部分を占めた仕事も、すでに到達した思想的立場にもとづいて亡くなる直前まで活発に続けた。

著作活動

この時期に刊行された著書のうち、理論的性格の強いものとしては、一八六五年に公刊された二冊がある。一冊は『ハミルトン哲学の検討』である。これは、スコットランドの哲学者、サー・ウィリアム・ハミルトン（一七八八-一八五六）を標的にして、『功利主義』にも見られた道徳的な感覚や判断力を生得とみなす立場への批判を詳細に展開した書物だった。もう一冊は、『コントと実証主義』である。これは、本書でも何度か触れたミルのコント批判をひとまとめにしたものである。

さらに一八六七年には、ミルは、アレクサンダー・ベインとともに、父ジェイムズの著書『人間精神現象の分析』（一八二九年刊）を、詳細な注を加えた形で再刊した。これは直覚主義（直観主義）に反対して連想心理学を説いたものであり、『ハミルトン哲学の検討』と趣旨の重なる書物だった。

同じ一八六七年に、ミルはスコットランドのセント・アンドリューズ大学の名誉学長に招請された。ミルは応諾し、就任のスピーチを行った。このスピーチはすぐに小冊子として刊行された。『大学教育について』というタイトルで邦訳されている。ミルはこの本で、大学に求められるのは古典教育か近代科学の教育かという二者択一の発想を退け、両者ともに高度の知的陶冶に欠かせないことを強調した。その姿勢からミルは、特に、古典を活用した教養教育（リベラル・エデュケーション）を無用視する風潮に対して強い警告を発した。

一八六九年には、ミルは『女性の隷従』を公刊した。この書物の目的は、法的にも社会的にも男女は平等であるべきだという、ミルが一貫して主張してきた見解の根拠を説明することだった。この作業が直面する困難は、ミルによれば、不平等な社会的制度や慣習の不合理性を知的に整然と示すだけでは、問題が解決しないところにある。たしかに、平等な自由や正義という原理は、文明の進展とともに徐々に現実に反映され、力による支配から正義を原則とする支配への変化が続いている。奴隷制の廃止はその一例である。ところが、女性という人類の半数を占める部分にかんしては、多少は緩和されてきているものの、隷属状態が続いている。原初の社会に存在した力による支配服従の権力関係は、家庭というミクロのレベルで長らく存続してきた。そうしたミクロな権力関係が、伴侶である女性よりも自分は強くすぐれていると男性に思い込ませる。この思い込みは、感情に深く根付いているために、理性的批判をかたくなに拒むのである。他方で、強者に服従する習慣は、女性から自分の能力を発展させる機会を奪い、その性格を受動的で視野の狭いものにしてしまう。こうして、男性の権力的支配が存続し、慣習や制度にも反映し続ける。ミルはこのように、権力心理学を援用した性格形成論によって、女性の生まれながらの劣等性を否定するとともに、女性を従属させる習慣や制度が根強く残っている原因を説明した。ミルはさらに、功利主義の立場にもとづいて、女性の能力を活用する社会的利益と個々の女性自身の幸福という二つの視点から、自由と正義の原則が全面的に適用された社会の実現を訴えたのだった。

ミルが期待した社会は、まだ十分には実現していない。その意味で、女性の地位や境遇に論点を絞ったジェンダーをめぐる『自由論』とも言える『女性の隷従』は、『自由論』と同じく、今日でも依然として読む価値のある古典と言えるだろう。

没後に公刊された三つの著作

晩年のミルが用意していた原稿で、没後に公刊された著作が三つある。その一つは『自伝』である。これは、ミルが一八七三年に亡くなった後、同じ年に公刊された。

『自伝』の執筆過程は多少込み入っている。ミルが最初に書き始めたのは、一八五三年から翌年にかけてだった。このときの原稿は「初期草稿」と呼ばれている。その後ミルは、「初期草稿」に修正を加えるとともに、その後の時期についても一八七〇年まで書き加えていった。こうした加筆修正の過程で、「初期草稿」に見られた父親への強い不満や家族との軋轢にかんする記述は、削除されたり抑制されたものに書き換えられたりした。とはいえ、人々の知的・道徳的改善の参考になるように自分の思想形成過程を書き残すという、『自伝』の基本姿勢は一貫して変わらなかった。

翌年の一八七四年には、『宗教三論』が公刊された。この本に収められた最初の二つの論考「自然論」と「宗教の効用」は、一八五〇年代に書き上げられていた。第三の論考「有神論」が書かれたのは、一八六八年から一八七〇年にかけてである。

「自然論」では、神が善であるとともに万物の創造者でもあるという前提に立つ限り、この世界に存在する悪を説明することはできない、という見解が示されている。父ジェイムズから引き継いだ見解である。ミルはこれを前提に、悪が実在している自然の世界から道徳的な規範を引き出すことはできないと力説した。

ミルはさらに「宗教の効用」において、宗教の効用が主張されるようになった昨今の背景には、宗教の真理性に対する自信の喪失があると指摘した。しかし、真理の裏付けのない信条は、社会と個人のいずれのレベルでも効用を持つことはない。真理と確信できる絶対的な信仰がなくても、この世界を理想に近づけるための努力の可能性を信じることで、人間が持っている宗教的ニーズは十分満たすことができるとミルは主張した。

これら二つの論考に続けて、「有神論」では、人々が宗教を必要としてきた大きな動機としての「不死性」への希望、という問題が取り上げられている。ミルによれば、霊魂の不滅を理性的に論証することはできないが、想像の世界においてそれを希望することは、理性に反していない。ミルは、神の存在について、独断的に否定するのではなく、理性の領域で決定的な根拠がないという立場をとっていたが、「不可知論」と呼ばれるこの立場でも、希望によって救われることは可能だと考えたのである。

没後に公刊された三番目の著作は、『社会主義論』である。このテーマは、本書第三章で言及した『経済学原理』や、その他の論考でも取り上げられていた。ミルは、労働者階級への全面的な選挙権拡大が十分予測できるようになった一八六七年の第二次選挙法改正以後、散在していたこれらの議論を一つにまとめた著作を構想していたようである。この構想は実現されないまま、書きためられていた草稿だけが残った。この遺稿は、一八七九年になって雑誌『フォートナイト・レヴュー』に掲載され、その後、四つの章からなる一冊の本として刊行されることになった。

この著書で、ミルはまず、労働者階級の貧困や悲惨な生活状態が実際に深刻な問題であることを認めた。とはいえ、ミルの考えでは、社会主義者が提示する問題解決の手段については、慎重に判断すべきだった。社会主義の是非や実現可能性を論ずるときに何よりも欠かせないのは、現時点での労働者階級を含む社会全般の知的・道徳的状態を見極めることである、とミルは強調した。

私有財産については、それを全面的に否定するような主張は非現実的だというのが、ミルの見解だった。たまたま相続された広大な土地財産と、自分の努力によって得たささやかな個人的財産とを同列に扱うことはできない。とはいえ、私有財産の観念は絶対不変のものではない。現在の経済体制の下でも、社会の改善という観点から、土地財産やその相続のありかたにかんしては見直す余地も価値もあるとミルは論じている。

ミルはこうした見地から、社会主義者が協同組合のような実験に取り組むことについては、その意義を認めている。他方、国家権力を奪取して、国家がすべての経済活動を掌握し統制するという大陸型の社会主義の主張に対しては、ミルは否定的だった。そのような革命的社会主義には、期待の余地はまったくない。いずれ経済的に破綻することは確実であるし、国家権力の奪取という政治革命がもたらす混沌から秩序を作り出そうとすれば、暴力や専制が介在せざるをえない。また、こうした体制の下で、個人の自由を厳しく制約すれば、人々の労働意欲ばかりでなく、創意工夫や知的・道徳的改善に不可欠の自発性までも損ねることになる。自由と改善を追求し続けた思想家ミルとしては、当然の（そして後世にその的確さが示されることにもなる）警告だった。

実践的活動

ミルは、他にも、短編の論文を雑誌や新聞に数多く投稿しているが、大半は、自分がかかわっていた実践的活動の一環という性格を持っていた。主な活動として、次の三つを挙げることができるだろう。

一つは選挙資格を女性全般に広げる運動である。当時は、まだ、少数の風変わりな意見と見る風潮が非常に強かった。イギリスで完全に実現したのは、六〇年近く後の一九二八年のことである。

もう一つはジャマイカ問題である。当時、イギリスの植民地だったジャマイカで、総督のエアという人物が地元民を苛酷《かこく》に弾圧するという事件があった。これに対する非難がイギリス国内で高まり、議会に調査委員会が設けられた。反乱の鎮圧は正当だったが行き過ぎもあったという委員会の見解に納得できなかったミルは、後任の委員長に就任して事件の追及を進めた。委員会には、急進派の政治家ジョン・ブライト、ミルと交友のあったジョン・モーリー、社会学者ハーバート・スペンサー、進化論者のチャールズ・ダーウィンなどが加わっていた。これに対抗する形で、エアを擁護する委員会も議会外に作られ、カーライルを先頭に、ジョン・ラスキン、チャールズ・キングズリー、ジェイムズ・フルードといった文学者たちがこれに加わった。国論を二分する形で展開したこの問題は、結局、エアに対する刑事訴追は行わないという、ミルの期待には沿わない形で決着した。しかし、この問題へのミルの関与は、属領統治のあり方にかんする彼の見解を広めるとともに、ひるまずに意見を主張する意義を身をもって世の中に示すことになった。

三番目の活動としては、アイルランド問題にかんする活動がある。先に触れたように、ミルは『代議制統治論』で国民的一体性の問題を論じる中で、イングランドとアイルランドは一つの国民として進むべきだと主張する一方で、アイルランドに暮らす人々の苦況を改善する必要にも言及していた。この立場から、ミルは、アイルランド独立を主張するフェニアン主義には反対したが、そのリーダーに対して下された死刑判決には強く抗議し、撤回への道を開いた。それとともに、アイルランド内部での対立を和解に変えるために、土地所有者と小作人の双方の利益に配慮することをあくまでも前提としながらも、土地制度の抜本的な改革を提言した。

庶民院議員への選出

ミルは一八六五年に、ウエストミンスター選挙区の自由党支持者の代表から、庶民院議員の候補に推薦したいという手紙を受け取っていた。議事堂はこのウエストミンスター選挙区内にあった。現在の日本で言えば、東京一区のようなものである。

ミルは申し出を受諾する旨の返事をしたが、その返事には、当時の新聞各紙の報道の中でも指摘されていたように、受諾の条件として、およそ選挙実務や議員活動の常識に反することが書き連ねられていた。第一の条件は、地元利益のための活動はできないということだった。ふつうなら、これだけで落選は確実だろう。その他、選挙運動のためにお金は使わない、派手な選挙運動は一切しない、といった条件も加わっている。

選挙区の自由党支持者たちは、よくもこんな条件を受け容れたものだが、それが可能となる事情はあった。この選挙区の議員定員は二名だったので、自由党への支持が多ければ定員を自由党で独占できたのである。おそらくは、地元の言うことをよく聞く経験豊富な候補者がまず一人いて、さらに、もう一人分勝てる見込みがあったので、ミルに推薦がまわったというところが、本当のところではないだろうか。しかし、そうだったとしても、二人目の候補者にミルを推薦した選挙民たちは度量のある立派な人々だったと言えるだろう。

選挙の結果は、ミルがトップ当選で、もう一人の自由党の候補者は僅差の二位で当選、保守党の候補者は落選ということになった。こうしてミルは、選挙の翌年の一八六六年から議員としての活動を開始した。

一八六七年には、第二次選挙法改正が行われ、三五年ぶりに選挙資格が大幅に拡大された。このころまでには、選挙法の改正そのものは必至というのが、世の中や議会の雰囲気になっていた。問題はむしろ、自由党と保守党のどちらが主導するのか、それぞれの政党が自党の思惑に沿った改革として、どのような提案をするのかというところにあった。これは、ミルにとって絶好の機会といえる状況だった。『代議制統治論』の中で示されていたミルの提言の多くは、ミル自身、少数意見と認めていたものだったが、どんな形になるにせよ改革自体が必至であるなら、その趨勢に水を差すことなく、不評を覚悟の上で将来を見据えた少数意見を議会で堂々と述べ国全体に伝えることができるからである。

こうして、ミルはまず、女性への選挙資格の拡大のために、選挙法改正法案に対して、man を person に変える一語の修正案を提出した。これへの反応として描かれた風刺画では、「この、えーと、パースンたちのために、そこのところ、道を空けてくださるようお願いします（Pray clear the way, there, for these - a - persons.）」という皮肉なキャプションがついていた。こういう世間の雰囲気にもかかわらず、議会内では予想外の支持があったが、結局は否決されてしまった。

ミルはさらに、ヘア方式の比例代表制を議会に提案した。これには最初から反対が非常に強かったので、ミルは採決を待たずに提案を撤回せざるをえなかった。

選挙制度にかんする以上のような提案の他に、すでに触れたアイルランド問題とジャマイカ問題にかんしても、ミルは議会内で精力的に活動した。いずれの場合も、イギリスの将来にとって有益な方向性を考え抜いた末の自分の見解を議会の内外に広めることが、ミルにとって議員活動の唯一の目的だった。ミルはこの活動をもう少し続けたいと思い、次の選挙（一八六八年一一月）にも立候補したが、さすがに二度目の当選は果たせなかった。しかし、六〇歳をすぎていたミルが静穏な生活に戻れたのは、間違いなくそのおかげだった。

ミルをからかった『パンチ誌』の風刺画

ロンドンとアヴィニヨン

これ以後、ミルは書評を書いたり、土地制度の改革をめざす集会で時折演説をして関連する短い文章を書いたりする、という生活を続けた。ハリエットの娘のヘレン・テイラー（一八三一－一九〇七）が、いつもミルのそばにいて、ミルの仕事を補佐する秘書の役割と、ミルの身辺を日常的に世話する役割を果たしていた。生活の場所は、ロンドン郊外のブラックヒースの家と、アヴィニヨンにある家だった。ブラックヒースの家はハリエットと結婚して以来長く暮らした場所だった。アヴィニヨンの家はハリエットが葬られた墓地が見えるところにあった。身近にいてくれるヘレンも、これらの家も、どれもがハリエットの記憶につながる環境の中での暮らしだった。

ミルとヘレン・テイラー

ブラックヒースの家には、孤立していた以前とは異なり、ミルと交友関係にあったさまざまな人が訪れている。たとえば、新婚のアンバリー卿夫妻である。夫君はホイッグの政治家ジョン・ラッセルの長男だった。夫妻のあいだに生まれた男の子が、哲学者・社会活動家として知られているバートランド・ラッセル（一八七二－一九七〇）であり、ミルが名付け親だった。

言及しておきたいもう一人の人物は、ジョン・モーリー（一八三八－一九二三）である。モーリーは、ミルと交際していたころはジャーナリスト・編集者だった。すでに述べたように、ジャマイカ委員会の一員でもあった。その後は政治家になり、最後は枢密院議長にまで

ジョン・モーリー

なった経歴の持主である。ミルより一世代若かったが、ミルを尊敬する年少の友人として親しく付き合っていた。モーリーの『回想録』には、ミルが亡くなる数ヶ月前に、ミルと一緒に郊外を散策したときのエピソードが書かれている。その中には、ワーズワースについてミルが語ったことも記されている。ミルはこう話したという。若いころ、急進派の仲間は自分がワーズワースを愛好していることに大いに腹を立てていたが、ワーズワースは、たしかに、君たちが取り組んでいる闘いには反対の立場だが、しかし、君たちが闘いに勝利した後は、ワーズワースが活力を与え育んでいるいろいろな能力を、世界はそれまで以上に必要とするだろう、と私は言ったものだ」(p.67)。青年時代にローバックに反論してワーズワースを擁護したときの言葉が、ここでも変わることなく鮮明に再現されている。ワーズワースの存在意義が、晩年のミルにとっても非常に深いものだったことをうかがわせるエピソードである。

ミルとヘレンは、一八七一年に、賃貸契約の期限が切れたブラックヒースの家を離れ、ロンドン中心部のヴィクトリア・ストリートにあった集合住宅に移った。

一方、アヴィニヨンでの滞在は、長いときは一年以上になったこともあったが、おおよそ平均して一年の半分程度だった。いずれにしても長期滞在である。ここでも、ミルは知人や友人と交流した。その一人が『昆虫記』の著者、ジャン・アンリ・ファーブル（一八二三―一九一五）である。ミルと出会ったころのファーブルは、まだ無名の学校教師だった。ファーブルは、昆虫だけでなく植物にも詳しかったので、植物の研究を趣味にしていたミルと意気投合した。ミルは、ファーブルが教師の職を失い経済的に困窮したときに金銭的援助をしたこともあったが、ファーブルは、後にミルにきちんと返済していたようなので、対等な友人としての付き合いだったと見てよいだろう。二人は時折、アヴィニヨンやその周辺を歩き回り、植物の観察や採集を楽しんだ。

ミルの最期

一八七三年五月の初め、ミルはファーブルが移り住んでいたオランジュに出向き、いつものようにファーブルと植物採集をした。ふだんは健脚のミルだったが、このときは消耗が激しく、やっとの思いでアヴィニヨンの家に帰り着くと寝込んでしまった。それから、容態が急速に悪化した。医師は丹毒と診断した。虫刺されや外傷で細菌に感染して起きる皮膚の病気である。潜伏期間は数日と言われているので、植物採集に出かける前に、アヴィニヨンで感染したのだろう。抗生物質などない時代だったから、手の施しようがないまま病状はますます深刻になった。ミルが息を引き取ったのは、六七歳の誕生日まであと二週間たらずの五月七日だった。

ミルの友人でプロテスタントの牧師、ルイ・レイは、ヘレンからの知らせで、夫人とともにミルの家に駆けつけた。ルイ・レイは、ミルが今際《いまわ》の際《きわ》に何か言わなかったかとヘレンに尋ねた。ヘレンは、ミルは意識混濁状態でほとんど何も話さなかったが、一言だけ、ヘレンの耳元でささやいたと答えた。その言葉は、「わかるね、私は自分の仕事をやり終えたのだよ（You know that I have done my work.）」だったという。

work とは何だったのだろう。ミルが自分の使命として引き受けた仕事、つまり、世の中の改善をめざした仕事のことだったのではないか、と筆者は推測している。改善のための仕事は、「精神の危機」以後のミルが早い段階から認めていたように、「絶えざる苦闘の人生」を意味していた。仕事をやり終えたという言葉には、重荷をようやく下ろせたという安堵《あんど》の気持ちが込められていたように思えてならない。

you とは誰だったのだろう。もちろん、直接的には、そばにいたヘレンだったことは間違いない。しかし、ミルのつぶやきには、自分の使命を果たしたことを、ハリエットに、さらには父ジェイムズにも伝えたい、という想いが込められていたかもしれない。

ミルの葬儀と埋葬は、ハリエットが眠っている墓地で行われた。亡くなった翌日のことだったので、イギリスの友人や知人もオランジュのファーブルも参列できなかった。参列者は、ヘレンとルイ・レイ夫妻、それに二人の医師の五人だった。訃報を聞いて集まった地元の人々が周囲で見守っていたが、ミルが望んでいたとおりの静かで地味な葬儀だったようである。

あとがき

本書執筆のオファーを中公新書編集部の楊木文祥さんからいただいたのは、二〇二〇年九月ごろだったと思う。ミル没後一五〇周年の二〇二三年に出版できたら、というお話だった。ちょうど『功利主義』の翻訳をしていた時期だったので、しばらく返事を待っていただき、翌年の三月に、やってみます、と返事をした。二年先の出版ならば、それよりもかなり前に楽々できあがるだろうという甘い見通しだった。

無思慮な出発だった。レベルを保ちながらわかりやすくというのが、中公新書の方針だと聞かされていた。それが、私のような書き手にとってこれほど厳しい要求だとは思っていなかった。ミルについてはそれなりに勉強していたつもりだったが、そのことと、求められている書き方の習熟度とは別問題である。修業不足の当然の報いとして、無残な停滞を何度もくり返した。

何とか書き上げたが、直面した難題（私は何度も、「自分には無理難題だ」とぼやいたものだ）をどこまで解決できたのか、定かではない。読者の判断に委ねたい。

ミルについてはそれなりに勉強していたつもりと偉そうに言ったが、今回の作業で新たに学んだことがたくさんあったし、"unlearn"もいくつかあった。ここではそのうちの一つとして、有名な「二つの自由概念」について、あらためて考えたことを記しておこう。

二〇世紀イギリスを代表する政治哲学者アイザイア・バーリン（一九〇九－一九九七）は、自由の概念には「消極的自由」（～からの自由）と「積極的自由」（～への自由）の二つがあると指摘し、その後の自由をめぐる政治哲学の議論に大きな影響を与えた。この議論は、冷戦という歴史的コンテクストを強く意識したものだったために、バーリンにならって積極的自由を批判し消極的自由を重視することが、自由民主主義へのコミットメントに欠かせないという雰囲気が、ある時期までの学界には色濃く漂っていた。筆者も、そうした空気を肌で感じながら研究を始めたのだが、あれこれと検討を続けていくうちに、この「鉄の檻」に自分を閉じ込めていてはいけないという見方にたどりついた。

その後は長らく、この束縛から自分は完全に逃れたと思っていた。ところが、今回ミルについて書くことを通じて、二つの概念の区別を前提にしてそれぞれの長短を考える習癖が、まだ多少なりとも自分の中に残っていたことに気づいた。

ミルが憂慮したのは、自由が恣意的な支配によって損ねられることだった。つまり、社会的レベルでの多数者やエリートによる専制であり、個人の内面における良心の専制であった。

これは、自由が直面する問題点の同定という意味で、積極的自由の危険性にかんするバーリンの複雑な議論よりもはるかに明快である。バーリンのように消極的自由を強調するだけでは、「自由」と「正当な強制」との境界線は明らかにならないし、「権力からの自由」とは権力とのかかわりに対する忌避のことだという誤解につながりかねない。

しかし、あり余るほど多い権力濫用の実例を直視すれば、恣意的な支配を許さず自他の自由を確保するには、統治権力の統制への積極的な関与が欠かせないことは明らかである。この認識が、「自由な統治」という逆説にも聞こえるようなミルの言葉には込められている。重要なのは、自由の概念上の区別よりも、この言葉の意味を深く理解することである。あらためてミルの議論と向かい合う中で、筆者はそのことをつくづく得心したのである。

楊木さんをはじめ編集スタッフの方々には、何から何までお世話になった。心よりお礼申し上げたい。

妻の理恵は、コロナ禍のさなかでも、いつもどおり心強い味方だった。また、娘の佳那は二〇二二年夏の灼熱《しゃくねつ》のイギリスで、私のリクエストに応えて、ミルやワーズワースの旧居の撮影を引き受けてくれた。もう一人の娘、真愛も、子育ての傍らで私の仕事を見守ってくれた。こういう支えがなければ、自分がどれほど非力であるかはよくわかっている。感謝あるのみである。

二〇二三年三月

関口正司

参考文献

ミルの著作集

The Collected Works of John Stuart Mill, ed. J. M. Robson, University of Toronto Press, 1963-1991, 33 vols. 以下のリストでは *CW* と略記し、巻数はアラビア数字で示す。このトロント大学版『ミル著作集』は、現在ではすべて次のサイトで閲覧することができる。
https://oll.libertyfund.org/title/robson-collected-works-of-john-stuart-mill-in-33-vols

『J・S・ミル初期著作集』全四巻、杉原四郎・山下重一編（御茶の水書房、一九七九－一九九七年）。

ミルの著書の初版本などのPDFファイルが収蔵されているネット上の所在場所は、以下のサイトで検索できる。
http://onlinebooks.library.upenn.edu/webbin/book/search?author=Mill+John+Stuart&amode=words&title=&tmode=words

ミルの著作（年代順）

＊主要なものや本書で引用・言及したものを示している。

一八二〇－二一年　「フランス滞在日誌」。"France, 1820-21," *CW* 26, pp. 1-253.

一八二二年　「交換価値」。"Exchangeable Value," *CW* 22, pp. 4-6. 初めて活字になったミルの新聞投稿文。その後、人口論など経済学関係、言論の自由、法廷での宣誓など、改革に関連する多様なテーマでの投稿が頻繁に行われている。それらはすべて、トロント大学版『ミル著作集』第二二巻に収められている。

一八二六年　「イギリス国制」。"The British Constitution [1] [2]," *CW* 26, pp. 358-385.

一八二七年　「歴史の効用」。"The Use of History," *CW* 26, pp. 392-397.

一八二八年　「完成可能性」（泉谷周三郎訳）、『J・S・ミル初期著作集1』所収。

一八二九年　「ワーズワースとバイロン」（柏經學・岩岡中正訳）、『J・S・ミル初期著作集1』所収。

「スターリングへの反論」。邦訳のタイトルは「スターリングとの親交」（山下重一訳）、『J・S・ミル初期著作集1』所収。
一八三一年　「時代の精神」（山下重一訳）、『J・S・ミル初期著作集2』所収。
一八三二年　「政治用語の正用と誤用」。"Use and Abuse of Political Terms," *CW* 18, pp.1-13.
一八三三年　「ベンサムの哲学」（泉谷周三郎訳）、『J・S・ミル初期著作集2』所収。
「マンスリー・レポジトリ　一八三三年三月号」。"The Monthly Repository for March 1833," *CW* 23, pp.555-559. メヒタベル・ウェスレーの小伝への書評。
「ジュニウス・レディヴィヴスの著作」。"Writings of Junius Redivivus [I]," *CW* 1, pp.367-390.
「詩とは何か」・「二種類の詩」。邦訳のタイトルは「詩の本質」・「詩人論」（岡地嶺訳）、『J・S・ミル初期著作集2』所収。
一八三五年　「セジウィックの論説」、『J・S・ミル　功利主義論集』（川名雄一郎・山本圭一郎訳、京都大学学術出版会、二〇一〇年）所収。
「代表の原理」。"Rationale of Representation," *CW* 18, pp.15-46.
「トクヴィル氏のアメリカ民主主義論Ｉ」（山下重一訳）、『J・S・ミル初期著作集3』所収。

一八三六年　「アメリカの社会状態」。"State of Society in America," CW 18, pp.91-115.

「文明論」(山下重一訳)、『J・S・ミル初期著作集3』所収。

一八三八年　「経済学の定義と方法」(井上琢智訳)、『J・S・ミル初期著作集4』所収。

「アルフレッド・ド・ヴィニーの著作」。"Writings of Alfred de Vigny," CW 1, pp.463-501.

「ベンサム論」(泉谷周三郎訳)、『J・S・ミル初期著作集3』所収。

一八四〇年　「コールリッジ論」(柏經學訳)、『J・S・ミル初期著作集4』所収。

「トクヴィル氏のアメリカ民主主義論II」(山下重一訳)、『J・S・ミル初期著作集4』所収。

一八四三年　『論理学体系』(大関将一・小林篤郎訳、全六巻、春秋社、一九五〇 - 一九五九年)。

『論理学体系4』(江口聡・佐々木憲介編訳、京都大学学術出版会、二〇二〇年)。

この翻訳では、アートの論理学にかんして、一八五一年の第三版で差し替えられる前の文章(法律の解釈や適用の論理的性格を論じた文章)が巻末の注に示されている。

「自由と必然について」(『論理学体系』第六巻第二章)、関口正司訳『功利主義』

（岩波文庫、二〇二一年）附録・一。
一八四四年　「道徳と思慮を含む実践あるいは技術の論理学について」（『論理学体系』第六巻第一二章）、関口正司訳『功利主義』（前掲書）附録・二。
『経済学試論集』（末永茂喜訳、岩波文庫、一九三六年）。前出「経済学の定義と方法」（一八三四年）を含む。
一八四五年　「労働者の要求」。"The Claims of Labour," *CW* 4, pp.363-389.
一八四八年　『経済学原理』（末永茂喜訳、全五巻、岩波文庫、一九五九－一九六三年）。
一八四九年　「二月革命擁護論」。"Vindication of the French Revolution of February 1848," *CW* 20, pp.317-363.
一八五〇年　「黒人問題」。"The Negro Question," *CW* 21, pp.85-95.
一八五四年　「一八五四年の日記」。"Diary, 1854," *CW* 27, pp.639-670.
「行政改革」。"Reform of the Civil Service," *CW* 18, pp.205-211.
一八五九年　『自由論』（関口正司訳、岩波文庫、二〇二〇年）。
『議会改革論考』。*Thoughts on Parliamentary Reform*, *CW* 19, pp.311-339.
「近年の議会改革論」。"Recent Writers on Reform," *CW* 19, pp.341-370.
一八六一年　『代議制統治論』（関口正司訳、岩波書店、二〇一九年）。

一八六二年　「アメリカでの抗争」。"The Contest in America," CW 21, pp.125-142.
一八六三年　「中央集権」。"Centralisation," CW 19, pp.579-613.
一八六五年　『功利主義』（関口正司訳、前掲書）。一八六一年に雑誌で発表。
一八六五年　『ハミルトン哲学の検討』。*An Examination of Sir William Hamilton's Philosophy*, CW 9.
　　　　　　『コントと実証主義』（村井久二訳、木鐸社、一九七八年）。
一九六七年　『大学教育について』（竹内一誠訳、岩波文庫、二〇一一年）。
一八六八年　『イングランドとアイルランド』。*England and Ireland*, CW 6, pp.505-532.
一八六九年　『女性の隷属』。以下のタイトルで翻訳されている。『女性の解放』（大内兵衛・大内節子訳、岩波文庫、一九五七年）。
一八七三年　『ミル自伝』（朱牟田夏雄訳、岩波文庫、一九六〇年）。
　　　　　　『評註　ミル自伝』（山下重一訳、御茶の水書房、二〇〇三年）。ミル『自伝』のこの訳書では、初期草稿と刊本を比較対照できる編集が行われており、非常に便利である。
一八七四年　『宗教三論』（「自然論」・「宗教の効用」・「有神論」）。以下のタイトルで翻訳されている。『宗教をめぐる三つのエッセイ』（大久保正健訳、勁草書房、二〇一一年)。

一八七九年『社会主義論』(石上良平訳、社会思想研究会出版部、一九五〇年)。


ミルの思想全般にかんする著書(著者名五〇音順)

アレクサンダー・ベイン『J・S・ミル評伝』(山下重一・矢島杜夫訳、御茶の水書房、一九九三年)。

菊川忠夫『J・S・ミル』(清水書院、一九六六年)。

小泉仰『ミルの世界』(講談社学術文庫、一九八八年)。

杉原四郎『J・S・ミルと現代』(岩波新書、一九八〇年)。

関口正司『自由と陶冶――J・S・ミルとマス・デモクラシー』(みすず書房、一九八九年)。

山下重一『J・S・ミルの思想形成』(小峯書店、一九七一年)。

山下重一『J・S・ミルの政治思想』(木鐸社、一九七六年)。

各章ごとの参照文献

はじめに

Alan Ryan, *The Philosophy of John Stuart Mill*, 2nd ed., Macmillan, 1987.

第一章

Alexander Bain, *James Mill: a biography*, Longmans, Green, and Company, 1882.

山下重一『ジェイムズ・ミル』（研究社、一九九七年）。

John Stuart Mill, *Boyhood Visit to France, 1820-21*, ed. A. J. Mill, University of Toronto Press, 1960.

ジェレミー・ベンサム（デュモン編）『立法論』。次のタイトルで翻訳されている。『民事および刑事立法論』（長谷川正安訳、勁草書房、一九九八年）。

第二章

ジョン・ウェスレー『ウェスレー著作集Ⅳ説教（中）』（野呂芳男訳、新教出版社、一九六三年）。該当箇所は、三二九－三三三頁。

山中弘「メソディズムにおける体験と権威」、『哲学・思想論叢』（筑波大学哲学・思想学会、二号、一九八四年、三七－四七頁）。

ジェイムズ・ミル『教育論・政府論』（小川晃一訳、岩波文庫、一九八三年）。

William Thomas, *The Philosophic Radicals*, Oxford University Press, 1979. ロンドン討論協会でミルが経験した社会的接触についての指摘は、p.179を参照。

The Earlier Letters 1812-1848 Part I. CW 12. 本文で引用しているカーライル宛ての手紙の一部は、p.144を参照。

バニヤン『天路歴程　第一部』（竹友藻風訳、岩波文庫、一九五一年）。

ワーズワース『ワーズワース詩集』（田部重治訳、岩波文庫、一九五七年）。

A. J. Mill, "John Stuart Mill's Visit to Wordsworth, 1831," *The Modern Language Review*, Vol. 44, No. 3 (Jul., 1949), pp.341-350.

第三章

ミル『論理学体系　第二巻』（大関将一訳、春秋社、一九五〇年）。三段論法については、二三頁を参照。

ミル『論理学体系　第三巻』（大関将一・小林篤郎訳、春秋社、一九五八年）。「第二章　不適当に帰納と呼ばれている帰納について」を参照。

Jack Liverly, J. Rees (eds.), *Utilitarian Logic and Politics*, Oxford, Clarendon Press, 1978. 『ウエストミンスター・レヴュー』におけるマコーリーとの議論の応酬がすべて収録されている。

トクヴィル『アメリカのデモクラシー・

第一巻（上・下）』（松本礼二訳、岩波文庫、二〇〇五年）。

関口正司「ミルとトクヴィルの思想的交流——往復書簡を中心に」、『法政研究』（九州大学法政学会、第六三巻第三・四号、一九九七年、六一－一五六頁）。

稲垣良典『習慣の哲学』（創文社、一九八一年）。

The Later Letters 1849-1873, Part I. CW 14.

第四章

ミルトン『言論・出版の自由——アレオパジティカ』（原田純訳、岩波文庫、二〇〇八年）。近代イギリスで言論の自由を説いた代表的著作。

ロック『寛容についての手紙』（加藤節・李静和訳、岩波文庫、二〇一八年）。近代イギリスで宗教的寛容を説いた代表的著作。

第五章

マキャヴェッリ『君主論』（池田廉訳、中公文庫、二〇一八年）。洪水と堤防のたとえは二〇三頁を参照。

マキャヴェッリ『リウィウス論』。『政略論』のタイトルで翻訳がある（永井三明訳、中公バックス・世界の名著21、一九七九年）。有力者と平民の対比は、一八四頁を参照。

アイザィア・バーリン「二つの自由概念」（生松敬三訳、『自由論』みすず書房、二〇〇〇年）所収。

関口正司「二つの自由概念」(『西南学院大学法学論集』第二四巻第一号、一一五七頁、第三号、四三一一〇七頁)。

第六章

ミル『コントと実証主義』(村井久二訳、木鐸社、一九七八年)。
＊現代功利主義にかんする入門的な邦語文献を二点示す。
児玉聡『功利主義入門――はじめての倫理学』(ちくま新書、二〇一二年)。

カタジナ・デ・ラザリ＝ラデク、ピーター・シンガー『功利主義とは何か』(森村進・森村たまき訳、岩波書店、二〇一八年)。

第七章

ミル『大学教育について』(竹内一誠訳、岩波文庫、二〇一一年)。

山下重一『J・S・ミルとジャマイカ事件』(御茶の水書房、一九九八年)。

John Morley, *Recollections*, vol.1, Macmillan, 1918.

山田吉彦『ファーブル記』(岩波新書、一九四九年)。ファーブルとミルの交友については、一三九一一四四頁を参照。

Jules Véran, 'Le Souvenir de Stuart Mill à Avignon,' *Revue des deux mondes*, 1937. Sept. 1er., pp.211-222. ミルの最期についてのルイ・レイ牧師の回想が転載されている(p.221)。

関口正司（せきぐち・まさし）

1954（昭和29）年，東京生まれ．1983年，東京都立大学社会科学研究科博士課程単位取得退学．法学博士．西南学院大学助教授，九州大学法学部教授を経て，九州大学名誉教授．

著書『自由と陶冶――J. S. ミルとマス・デモクラシー』（みすず書房，1989）
『政治における「型」の研究』（編著，風行社，2009）
『政治リテラシーを考える――市民教育の政治思想』（編著，風行社，2019）

訳書『代議制統治論』（J. S. ミル著，岩波書店，2019）
『自由論』（J. S. ミル著，岩波文庫，2020）
『功利主義』（J. S. ミル著，岩波文庫，2021）ほか

J・S・ミル
中公新書 *2757*

2023年6月25日発行

著　者　関口正司
発行者　安部順一

本文印刷　三晃印刷
カバー印刷　大熊整美堂
製　　本　小泉製本

発行所　中央公論新社
〒100-8152
東京都千代田区大手町 1-7-1
電話　販売 03-5299-1730
　　　編集 03-5299-1830
URL https://www.chuko.co.jp/

Published by CHUOKORON-SHINSHA, INC.
Printed in Japan　ISBN978-4-12-102757-3 C1210

中公新書刊行のことば

いまからちょうど五世紀まえ、グーテンベルクが近代印刷術を発明したとき、書物の大量生産は潜在的可能性を獲得し、いまからちょうど一世紀まえ、世界のおもな文明国で義務教育制度が採用されたとき、書物の大量需要の潜在性が形成された。この二つの潜在性がはげしく現実化したのが現代である。

いまや、書物によって視野を拡大し、変りゆく世界に豊かに対応しようとする強い要求を私たちは抑えることができない。この要求にこたえる義務を、今日の書物は背負っている。だが、その義務は、たんに専門的知識の通俗化をはかることによって果たされるものでもなく、通俗的好奇心にうったえて、いたずらに発行部数の巨大さを誇ることによって果たされるものでもない。現代を真摯に生きようとする読者に、真に知るに価いする知識だけを選びだして提供すること、これが中公新書の最大の目標である。

私たちは、知識として錯覚しているものによってしばしば動かされ、裏切られる。私たちは、作為によってあたえられた知識のうえに生きることがあまりに多く、ゆるぎない事実を通して思索することがあまりにすくない。中公新書が、その一貫した特色として自らに課すものは、この事実のみの持つ無条件の説得力を発揮させることである。現代にあらたな意味を投げかけるべく待機している過去の歴史的事実もまた、中公新書によって数多く発掘されるであろう。

中公新書は、現代を自らの眼で見つめようとする、逞しい知的な読者の活力となることを欲している。

一九六二年一一月

中公新書

宗教・倫理

中公新書

世界史

e2

1045 物語 イタリアの歴史 藤沢道郎
1771 物語 イタリアの歴史 II 藤沢道郎
2595 ビザンツ帝国 中谷功治
2663 物語 イスタンブールの歴史 宮下遼
2152 物語 近現代ギリシャの歴史 村田奈々子
2440 バルカン―「ヨーロッパの火薬庫」の歴史 M・マゾワー 井上廣美訳
1635 物語 スペインの歴史 岩根圀和
1750 物語 スペインの歴史 人物篇 岩根圀和
1564 物語 カタルーニャの歴史（増補版） 田澤耕
2582 百年戦争 佐藤猛
2658 物語 パリの歴史 福井憲彦
1963 物語 フランス革命 安達正勝
2286 マリー・アントワネット 安達正勝
2529 ナポレオン四代 野村啓介
2318 2319 物語 イギリスの歴史（上下） 君塚直隆

2696 物語 スコットランドの歴史 中村隆文
2167 イギリス帝国の歴史 秋田茂
1916 ヴィクトリア女王 君塚直隆
1215 物語 アイルランドの歴史 波多野裕造
1420 物語 ドイツの歴史 阿部謹也
2304 ビスマルク 飯田洋介
2490 ヴィルヘルム2世 竹中亨
2583 鉄道のドイツ史 鴋澤歩
2546 物語 オーストリアの歴史 山之内克子
2434 物語 オランダの歴史 桜田美津夫
2279 物語 ベルギーの歴史 松尾秀哉
1838 物語 チェコの歴史 薩摩秀登
2445 物語 ポーランドの歴史 渡辺克義
1131 物語 北欧の歴史 武田龍夫
2456 物語 フィンランドの歴史 石野裕子
1758 物語 バルト三国の歴史 志摩園子
1655 物語 ウクライナの歴史 黒川祐次

1042 物語 アメリカの歴史 猿谷要
2209 アメリカ黒人の歴史 上杉忍
2623 古代マヤ文明 鈴木真太郎
1437 物語 ラテン・アメリカの歴史 増田義郎
1935 物語 メキシコの歴史 大垣貴志郎
2545 物語 ナイジェリアの歴史 島田周平
2741 物語 オーストラリアの歴史（新版） 竹田いさみ 永野隆行
1644 ハワイの歴史と文化 矢口祐人
2561 キリスト教と死 指昭博
2442 海賊の世界史 桃井治郎
518 刑吏の社会史 阿部謹也

中公新書

哲学・思想

a1

- 1 日本の名著(改版) 桑原武夫編
- 2187 物語 哲学の歴史 伊藤邦武
- 2378 保守主義とは何か 宇野重規
- 2522 リバタリアニズム 渡辺 靖
- 2591 白人ナショナリズム 渡辺 靖
- 2288 フランクフルト学派 細見和之
- 2300 フランス現代思想史 岡本裕一朗
- 832 外国人による日本論の名著 佐伯彰一・芳賀 徹編
- 1696 日本文化論の系譜 大久保喬樹
- 2097 江戸の思想史 田尻祐一郎
- 2276 本居宣長 田中康二
- 2458 折口信夫 植村和秀
- 2686 中国哲学史 中島隆博
- 1989 諸子百家 湯浅邦弘
- 36 荘子 福永光司
- 1695 韓非子 冨谷 至
- 1120 中国思想を考える 金谷 治
- 2042 菜根譚 湯浅邦弘
- 2220 言語学の教室 西村義樹・野矢茂樹
- 1862 入門！論理学 野矢茂樹
- 448 詭弁論理学(改版) 野崎昭弘
- 593 逆説論理学 野崎昭弘
- 1939 ニーチェ ツァラトゥストラの謎 村井則夫
- 2594 マックス・ウェーバー 野口雅弘
- 2597 カール・シュミット 蔭山 宏
- 2257 ハンナ・アーレント 矢野久美子
- 2339 ロラン・バルト 石川美子
- 2674 ジョン・ロールズ 齋藤純一・田中将人
- 674 時間と自己 木村 敏
- 1829 空間の謎・時間の謎 内井惣七
- 814 科学的方法とは何か 浅田彰・黒田末寿・佐和隆光・長野敬・山口昌哉
- 2495 幸福とは何か 長谷川 宏
- 2505 正義とは何か 神島裕子
- 2203 集合知とは何か 西垣 通
- 2757 J・S・ミル 関口正司